Helga B. Gundlach

Rechte Parolen kompetent kontern

Ein Wegweiser für die psychosoziale und pädagogische Arbeit

Mit 2 Abbildungen

Vandenhoeck & Ruprecht

Bibliografische Information der Deutschen Nationalbibliothek:
Die Deutsche Nationalbibliothek verzeichnet diese Publikation in der Deutschen Nationalbibliografie; detaillierte bibliografische Daten sind im Internet über https://dnb.de abrufbar.

Umschlagabbildung: MichaelGaida/Pixabay

Satz: SchwabScantechnik, Göttingen
Druck und Bindung: ⊕ Hubert & Co. BuchPartner, Göttingen
Printed in the EU

Vandenhoeck & Ruprecht Verlage | www.vandenhoeck-ruprecht-verlage.com

ISBN 978-3-525-45919-5

Inhalt

»Eine falsche Lehre lässt sich nicht widerlegen,
denn sie ruht ja auf der Überzeugung,
dass das Falsche wahr sei.
Aber das Gegenteil kann, darf und muss man wiederholt aussprechen.«

Johann Wolfgang von Goethe (deutscher Dichter, 1749–1832)

Vorwort

Die meisten Texte für dieses Buches entstanden im Herbst/Winter 2019/2020. Zahlreiche Vorkommnisse begleiteten, besser gesagt überschatteten den Entstehungsprozess – Anschläge, Wahlresultate, wissenschaftliche Untersuchungsergebnisse, Bedrohungen, Rücktritte, Morde –, die allesamt Aktualität, Brisanz und Gefahr der zugrunde liegenden Thematik belegen. Von Hetze, von Verrohung der Sprache, von verschobenen Grenzen, von Unterwanderung, von Angst und Wut Einzelner und der Gesellschaft insgesamt war die Rede. Viele haben reagiert, publiziert, demonstriert, sich fortgebildet.

Zu dieser Zeit hat wohl niemand damit gerechnet, dass nur wenige Wochen später ein anderes Großereignis dazu führt, dass die Berichterstattung über Rechtsextremismus und rechte Parolen in den Hintergrund rückt und viele der in diesem Buch beschriebenen Situationen vorübergehend so nicht stattfinden können. Die Corona-Pandemie hat dazu geführt, dass wir großenteils auf Abstand, im Home-Office, im Online-Modus sind. Viele der geschilderten Hintergründe und Strategien lassen sich auf Videokonferenzen oder familiäre Skype-Treffen übertragen, auch wenn es natürlich nicht das Gleiche wie eine Begegnung von Angesicht zu Angesicht ist. Zwischenmenschliche Kommunikation wird es weiterhin geben, ob und wenn ja, wie sie sich in Nach-Corona-Zeiten verändert haben mag, kann im Moment wohl noch niemand sagen. Was sich aber sagen lässt, ist, dass sich rechtsextreme Gedanken, Handlungen und Gruppierungen in der Zwischenzeit nicht in Luft auflösen werden. Daher ist ein Umgang mit dem Thema auch in der veränderten Situation unverändert wichtig.

Jeder einzelne Beitrag – ob die Umsetzung bestehender Gesetze, die Schulung Vorgesetzter und Mitarbeitender im öffentlichen Dienst und in Betrieben, die (idealerweise langfristige und institutionalisierte) Förderung zahlreicher engagierter Stiftungen und Vereine, der

Ausbau des schulischen Politikunterrichts oder die Implementierung des Themas in pädagogischen und sozialen Ausbildungen – ist ein wichtiger Baustein. Ebenso wie freiwillige Initiativen im Bereich der Kunst, des Sports, der Medien. Nach wie vor sind wir alle gefordert!

Auch *Sie* können etwas tun: Sei es im Umgang mit Ihrer neuen Kollegin, beim Small Talk in Ihrer Seminarpause oder bei der Untersuchung Ihres Patienten, aber auch in Ihrem Gespräch beim Friseur, mit Ihren Verwandten bei der Taufe des Patenkindes oder mit Ihrer Sitznachbarin bei der Busfahrt – wir alle können im (Berufs-) Alltag kontinuierlich viel zu einem demokratischen Miteinander beitragen. Oder genau in diesen Situationen erleben, dass Welten aufeinanderprallen. Vielleicht wollen Sie dann etwas tun, sind aber unsicher, was.

Was erwartet Sie?

Dieses Buch ist aus der Praxis für die Praxis geschrieben. Es geht hier nicht um historische Hintergründe, konkrete Parteien, Gruppierungen oder politische Akteur*innen der rechten/rechtsextremen Szene, auch nicht um die Rolle des Internets und nur einführend um einige soziale und psychologische Ursachen für entsprechendes Gedankengut – auch wenn für ein umfassenderes Verständnis eine weitere Beschäftigung damit durchaus zu empfehlen ist. In diesem Buch geht es darum, wie *Sie in einer konkreten Situation kontern* können.

Sie werden im ersten Teil viele Hintergrundinformationen lesen, die Ihnen helfen sollen, bestimmte Situationen besser zu verstehen und einzuschätzen. Ergänzt wird dies durch viele kleine Ideen, die Ihnen beim anschließenden Handeln behilflich sein können. Im zweiten Teil finden Sie mit Kommentaren und Lösungsmöglichkeiten versehene praktische Beispiele aus unterschiedlichen beruflichen, öffentlichen und privaten Bereichen. Dabei werden auch strukturelle Ebenen von Organisationen angesprochen – ohne die geht es oft nicht. Im dritten Teil gibt es schließlich ein paar Übungen, dazu ein Glossar und weiterführende Tipps wie Literaturhinweise, Apps und Links.

Grundlage des Buches sind Erfahrungen aus meiner Arbeit als Trainerin und Moderatorin, aber auch Erlebnisse aus privaten Bereichen. Daraus entwickelten sich Workshops zum Thema (hier aufgenommen sind auch einige dort geschilderte Erlebnisse von Teilnehmenden), es folgten zahlreiche Recherchen und Interviews mit Akteur*innen vielfältiger Arbeitsfelder. Die genannten Beispiele sind anonymisiert, sodass sie keine Rückschlüsse auf die tatsächlichen Personen oder Einrichtungen zulassen.

Warum gerade Sie?

Sie arbeiten *mit* Menschen und insbesondere *für* Menschen, die zu (von Rechten erklärten) Minderheiten gehören, die Unterstützung benötigen. So sind Sie allein deshalb vermutlich häufiger rechten Parolen ausgesetzt. Da es Ihre Grundhaltung ist, anderen zu helfen – daher haben Sie vielleicht auch genau Ihren Beruf oder Ihr Tätigkeitsfeld gewählt –, lassen Sie sich möglicherweise auch schneller provozieren und sind Menschen mit entsprechender Gesinnung ein Dorn im Auge.

Natürlich sind auch Sie nicht frei von Vorurteilen. Die haben wir schließlich alle, aber Sie haben bestenfalls gelernt, diese zu reflektieren und damit umzugehen. Natürlich können auch Sie Ängste haben, und auch Sie könnten irgendwann überlegen, ob an den ständig wiederholten Parolen nicht doch etwas dran ist. Aber dann werden Sie sich schnell sagen können: Nein, das darf man nicht so verallgemeinern, man muss differenzieren, die Hintergründe, die spezifische Situation beachten, den Blick über den Tellerrand hinaus richten.

Doch wenn jemand Ihr Menschenbild verbal dermaßen mit Füßen tritt und all das, wofür Sie sich beruflich oder in Ihrer Freizeit einsetzen, in Frage stellt und schlechtredet, dann kann es Ihnen den Boden unter den Füßen wegziehen und Sie fassungs- bzw. sprachlos machen. Unter Umständen ist plötzlich Ihre ganze Professionalität dahin, alle erlernten Gesprächstechniken, Kommunikationsmethoden und Beratungsansätze sind wie weggeblasen. Nachher ärgern Sie sich womöglich noch am meisten über sich selbst, dass Ihnen keine adäquate Reaktion einfiel. Damit Ihnen das nicht wieder passiert, möge Ihnen diese Lektüre helfen. Je nach Ihrer Aus- und Weiterbildung haben Sie Kenntnisse in unterschiedlichen Kommunikations- und Beratungstechniken. Sie finden in diesem Buch zahlreiche Anknüpfungspunkte an verschiedenste Methoden wie den systemischen Ansatz, die Gewaltfreie Kommunikation oder die

Transaktionsanalyse, sodass Sie nach Ihren Vorlieben Erlerntes und Neues bestmöglich miteinander verbinden können.

Wie können Sie dieses Buch nutzen?

Natürlich sollten Sie es idealerweise von Anfang bis Ende lesen. Wenn Sie wenig Zeit haben, aufgrund Ihrer Vorkenntnisse etwas überblättern möchten, dazu neigen, Theorieteile zu überspringen, oder gern mit konkreten Beispielen beginnen – auch das können Sie selbstverständlich tun. Sie werden immer wieder Querverweise finden, sodass Sie sich bei Bedarf Ihre eigene Lesereihenfolge zusammenstellen oder situationsabhängig etwas nachlesen können. Wenn Sie vielleicht nicht hundertprozentig genau Ihren beruflichen Einsatzbereich finden – die Beispiele lassen sich gut auf andere Situationen übertragen und immer wieder auf grundlegende, im Theorieteil beschriebene Mechanismen zurückführen.

Auch wenn es so schön einfach wäre: Sie finden in diesem Buch keine Rezepte mit »Gelingen-Garantie«. Sie wissen selbst aus Ihrer beruflichen oder auch ehrenamtlichen Praxis, dass es zwar ähnliche Verhaltens- und Reaktionsmuster gibt, aber letztlich jeder Mensch anders ist, jeder Kontext beachtet werden muss. Und vor allem, dass auch *Sie*, liebe Leserin, lieber Leser, individuell sind.

Das Buch wendet sich mit seiner Haltung gegen Verallgemeinerungen und diskriminierende Sprache, muss diese jedoch manchmal in Beispielen zitieren. Mit der Formulierung »Ihr Gegenüber« sind alle Geschlechter gemeint. Ansonsten werden das Gendersternchen * bzw. neutrale Formulierungen verwendet.

Mein Dank gilt besonders Sandra Englisch vom Verlag Vandenhoeck & Ruprecht für die tolle Zusammenarbeit und meinem Mann für die konstruktive Unterstützung. Und natürlich vielen Dank allen Seminarteilnehmer*innen sowie Gesprächs- und Interviewpartner*innen für Informationen, Austausch und Offenheit. Zum Schutz ihrer Persönlichkeit bzw. um die Beispiele anonym zu halten sind sie hier namentlich nicht erwähnt.

Helga B. Gundlach

Prolog – Schweigen

»Wer schweigt, scheint zuzustimmen.«
Papst Bonifatius VIII. (um 1235–1303)

In jedem meiner Seminare frage ich die Teilnehmenden zu Beginn: »Haben Sie sich im Nachhinein schon mal über sich selbst geärgert, weil Sie auf rechte Sprüche nicht reagiert haben?« Das Ergebnis ist deutlich. Den meisten, die schon einmal mit solchen Parolen konfrontiert waren, ging es anschließend so. Ihnen auch?

Schweigen kann als Zustimmung gedeutet werden. Dies ist zum Beispiel bei vielen Abstimmungen ein übliches Verfahren, und das seit Jahrhunderten, wie das obige Motto belegt. Wenn niemand etwas dagegen sagt, gilt ein Beschluss als angenommen, selbst wenn jemand durch sein Schweigen auch nur zuzustimmen *scheint.* Im Fall der Nicht-Erwiderung auf rechte Parolen ist das nicht nur für einen selbst ärgerlich, wenn man eine andere Meinung vertritt. Auch das Gegenüber bekommt quasi die Bestätigung, dass seine Gedanken, sein Gerede zutreffen – es kommt ja kein Einwand. Und so entsteht bei den Umstehenden deutlich oder subtil der Eindruck, dass der Inhalt der Parolen offensichtlich in Ordnung sei.

Wenn Sie das nicht wollen, schweigen Sie nicht länger!

1 Theoretische Hintergründe und mögliche Strategien

1.1 Hintergründe verstehen

Rechts, Rechtspopulismus, Rechtsextremismus

Der Begriff »rechts« kann als Sammelbegriff für rassistische, nationalistische, faschistische, menschenfeindliche Positionen unterschiedlichster Art verstanden werden.

Der Begriff »Populismus« (lateinisch populus, ›Volk‹) beschreibt eine vermeintlich volksnahe, oft demagogische Ideologie bzw. einen entsprechenden Politikstil. Rechtspopulist*innen gehen in ihrer Weltsicht von einer klaren Zweiteilung aus: »wir« – »die anderen« (sogenannte Schwarz-Weiß-Narrative/Dichotomien). Sie maßen sich an, im Namen des Volkes zu sprechen, selbst wenn sie nur einer Minderheit angehören und die restliche, pluralistische Bevölkerung ausschließen (»Wir sind das Volk«). Rechtspopulistische Ideen finden für komplexe Probleme einfache, verallgemeinernde Ursachenerklärungen und ebensolche Lösungen (▸ Kapitel »Stereotype«). So wird zum Beispiel das Problem »zu wenig bezahlbarer Wohnraum« mit seinen vielfältigen Ursachen (jahrelang verfehlte Wohnungspolitik, Privatisierung von ehemaligen Sozialwohnungen, Wohnungen als Spekulationsobjekt großer Konzerne, Verteuerung von Neubauten durch hohe Umweltauflagen, gesteigerte Nutzung von Wohnungen in Innenstadtlagen durch Touristen usw.) von Rechtspopulist*innen auf die simple Ursachenerklärung »zu viele Flüchtlinge« und die dementsprechende »Lösung« reduziert: Die Flüchtlinge müssen weg, bzw. es dürfen keine weiteren kommen.

Rechtspopulismus und Rechtsextremismus sind *inhaltlich* schwer voneinander abgrenzbar, die Übergänge können fließend sein. In seinem *Vorgehen* behauptet Rechts*populismus,* innerhalb der Demokratie legitime Wege zu beschreiten; er greift Politiker*innen und regierende Parteien an (Elitenkritik: »wir« – »die da oben«), stellt aber das System nicht explizit in Frage, bzw. Rechtspopulist*innen treten zuweilen selbst als Beschützer*innen der Demokratie auf. Rechts*extreme* Positionen hingegen sind verfassungsfeindlich, denn sie stellen offen Menschenrechte und Demokratie in Frage, befürworten ein autoritäres System und ziehen auch Gewalt als legitimes Mittel in Betracht (▶ Kapitel »Stufen rechten Denkens und Handelns«). Da Rechts*populismus* als Vorstufe oder Wegbereiter zum Rechts*extremismus* gesehen werden kann, steht der Begriff gerade auch in Hinblick auf jüngste Gewalttaten, systematische Unterwanderung demokratischer Strukturen, faschistische Äußerungen usw. als zu verharmlosend in der Kritik.

Als rechts*radikal* wiederum werden Inhalte, Ziele, Personen, Handlungen bezeichnet, die zwar meist nicht offen die Demokratie in Frage stellen, aber doch die Freiheit der demokratischen Gesellschaft beschneiden wollen, indem sie tatsächliche oder suggerierte Probleme auf radikal »rechte« Weise zu beheben trachten. Solche Einstellungen sind keineswegs nur an glatt rasierte Springerstiefel-Träger*innen oder Mitglieder verbotener bzw. vom Verfassungsschutz beobachteter Parteien, Organisationen oder Gruppen gebunden, sie sind in der gesamten Gesellschaft verbreitet. Langzeitstudien zeigen, dass ca. 20 Prozent der Bevölkerung für rechte Gedanken offen sind, unabhängig davon, ob es gerade eine Partei gibt, die solche Ansichten offensiv vertritt, oder eine Staatsform, die auf solchem Gedankengut aufbaut bzw. ihr Handeln damit legitimiert.

Mit dem Sammelbegriff »rechts außen« wird versucht zu beschreiben, wo bzw. in welchem Verhältnis die oben genannten Strömungen außerhalb von legitimer konservativer, das heißt rechtsdemokratischer Politik und den entsprechenden Einstellungen stehen.

Im Folgenden wird überwiegend vereinfachend der Begriff »rechts« genutzt. Für eine intensivere Auseinandersetzung mit Inhalten und Termini, die nicht Schwerpunkt dieses Buches ist, finden Sie im Anhang Literaturhinweise.

Bedürfnisse

Insbesondere wenn Sie beratend oder therapeutisch tätig sind, werden Sie wissen, dass geäußerte Probleme ebenso wie gezeigtes Verhalten oft Ausdruck anderer unterschwelliger »Störungen« wie zum Beispiel unerfüllter Bedürfnisse sind. So kann auch das Äußern rechter Parolen andere Ursachen haben als eine explizit rechtsextreme Einstellung. Das Reflektieren der eigenen Bedürfnisse und das Herausfinden und Benennen derjenigen des Gegenübers (► Kapitel »Hypothetisieren«) kann eine deeskalierende Wirkung haben, im besten Fall sogar den eigentlichen Kern treffen.

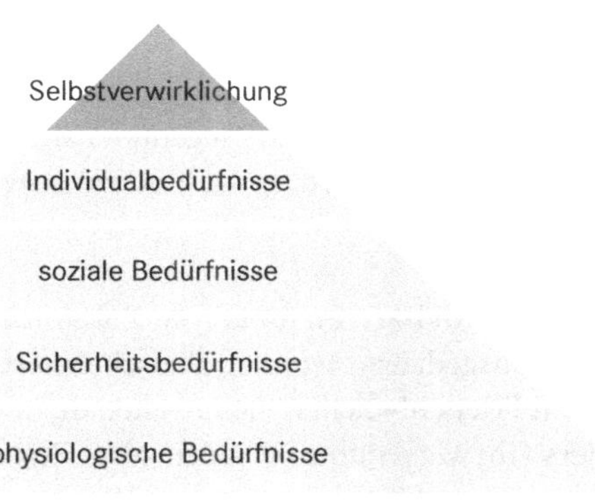

Abbildung 1: Die Bedürfnispyramide

Das bekannteste Modell zu Aufbau und Hierarchie von Bedürfnissen ist sicher die Bedürfnispyramide (siehe Abbildung 1):

1. Stufe: physiologische Bedürfnisse

Hat Ihr Gegenüber Schlafmangel? Dann vertagen Sie das Gespräch, wenn es geht. Oder hat Ihr Gegenüber länger nichts gegessen? Dann bieten Sie etwas an. So banal es klingt, Sie haben gleich eine andere Atmosphäre, die Ihnen ein Gespräch erleichtern kann.

2. Stufe: Sicherheitsbedürfnisse

Die Angst um Sicherheit, beispielsweise aufgrund angeblich steigender Kriminalität durch Zugewanderte, wird häufig selbst geäußert und dient als Legitimation für das eigene Denken und Handeln. Hier können Sie ansetzen, nach persönlicher Betroffenheit fragen, Fakten checken etc.

3. Stufe: soziale Bedürfnisse
Vielleicht sucht Ihr Gegenüber gar keinen argumentativen Austausch, sondern Gemeinschaft, also jemanden, der sich *mit* ihm aufregt. Wenn Sie dagegenreden, wird dieses Bedürfnis nicht erfüllt (auch deshalb bewegen sich einige Menschen im Internet nur noch auf Webseiten, die ihre eigenen Erwartungen bestätigen – der sogenannte Confirmation Bias). Denkbar wäre daher zunächst eine Verlagerung auf ein gemeinsames Thema zum Beispiel: »Weißt du, was *mich* im Moment noch viel mehr aufregt? Das grottenschlechte Fußballspiel vom Wochenende« (wenn Sie wissen, dass Ihr Gegenüber Fußballfan ist), bevor Sie in welcher Form auch immer Stellung zu den rechten Aussagen beziehen.
4. Stufe: Individualbedürfnisse
Achten Sie darauf, dass Ihr Gegenüber sich wertgeschätzt fühlt und nicht bloßgestellt wird, insbesondere gegenüber bzw. im Beisein von Dritten.

Bedürfnisse müssen im jeweiligen Zusammenhang nachgefragt und präzise ausgedrückt werden. Pauschalisierungen wie »Ich möchte meinen Frieden!« helfen nicht weiter, denn jede*r definiert Frieden anders (Ihr Gegenüber: Frieden *ohne* Zugewanderte, Sie: Frieden *gemeinsam mit* Zugewanderten). Wenn man auf Bedürfnisse eingeht und Empathie zeigt, heißt das nicht, dass man in der Sache zustimmt. Das ist für die eigene Klärung wichtig, aber auch für das Gegenüber: »Dein Bedürfnis verstehe/teile ich, aber deine Strategie macht mir Sorgen/deine Lösungsansätze teile ich nicht.«

Mögliche Ursachen rechten Gedankenguts

Seit Jahren beschäftigen sich die unterschiedlichsten Forschungsrichtungen mit Ursachen rechten und rechtsextremen Gedankenguts. Es gibt diverse Theorien, einige davon seien hier kurz erwähnt:

Die *Deprivationstheorie* (lateinisch privare, »berauben«) knüpft einen Zusammenhang zwischen gefühlter oder tatsächlicher ökonomischer Benachteiligung (Deprivation) und fremdenfeindlichen, rassistischen Einstellungen. Man geht dabei davon aus, dass eine Konkurrenz von Einheimischen und Zugewanderten um materielle wie sozioökonomische Ressourcen und Versorgung (Arbeitsplätze,

Kitaplätze) bei zunehmender Zuwanderung zu einer zunehmenden Abwertung der Zugewanderten durch die Einheimischen führen kann. Die Benachteiligung aufseiten der Einheimischen kann *individuell* vorhanden sein bzw. empfunden werden (tatsächliche eigene Arbeitslosigkeit oder Angst vor persönlichem Jobverlust) oder auch *kollektiv* (dem Individuum kann es wirtschaftlich gut gehen, aber es macht sich Gedanken um die Gemeinschaft, die durch die Zuwanderung in ihrem Wohle als gefährdet wahrgenommen wird).

Die *Autoritarismusthese* geht davon aus, dass Menschen mit einer Ich-Schwäche (hervorgerufen zum Beispiel durch einen die Persönlichkeitsentwicklung unterdrückenden Erziehungsstil, mangelnde Bildung oder schlechte berufliche Perspektiven) tendenziell eher autoritäre Führungspersonen bzw. entsprechende Positionen vertretende Parteien unterstützen, um so selbst an der ihnen gefühlt zustehenden, aber vorenthaltenen Macht teilhaben zu können. Durch das Aufwachsen in einem autoritären Umfeld (Elternhaus, politisches System) könnten autoritäre Strukturen bereits frühzeitig verinnerlicht und dann auch später umso leichter befürwortet werden.

Theorien über Gruppenbildungen und sich bewusst voneinander abgrenzende In- und Outgroups (Eigen- und Fremdgruppen) besagen, dass, um sich und die eigene Gruppe aufwerten zu können, andere Gruppen abgewertet werden (► Kapitel »Stereotype«).

Terrorismustheorien gehen davon aus, dass der Glaube an »höhere Ziele« geeignet ist, ab- bzw. ausgrenzende Einstellungen gegenüber nicht zur eigenen Gruppe gehörenden Menschen zu fördern. Zugleich kann dieser Glaube eigen- wie fremdinstrumentalisiert werden, um Ressentiments und in deren Folge zunehmend radikales Denken und Handeln als eine Form des gefühlt gerechtfertigten »Abwehrverhaltens« zu legitimieren. Dazu zählt beispielsweise das Befürworten von Gewalt zur »Verteidigung christlicher Werte«, selbst wenn man ansonsten gar nicht besonders christlich ist.

Die *Kontakthypothese* thematisiert das Phänomen, dass nicht selten gerade diejenigen, die sich besonders vehement gegen Zugewanderte wenden, diese gar nicht unmittelbar kennen. Persönliche Kontakte und Erfahrungen fehlen ihnen, und sie vermeiden diese auch, sodass es zu keinem »Gewöhnungseffekt« kommt. Auf diese Weise ließen sich unter anderem relativ hohe Zustimmungswerte zu rechtem Gedankengut bzw. entsprechenden Parteien in den ostdeutschen Bundesländern erklären, wo der Bevölkerungsanteil mit Migrationsgeschichte deutlich unter dem Bundesdurchschnitt liegt.

Das *Phänomen der sozialen Ansteckung* meint, dass Menschen dazu neigen, sich in ihren Einstellungen und ihrem Verhalten an die um sie herrschenden Muster und Normen anzupassen, sprich: so zu werden wie ihre Mitmenschen, wie das sie umgebende System. Wer also in einem rechts geprägten Umfeld arbeitet und vor allem lebt, denkt, redet, handelt, wählt häufiger irgendwann ebenso (Gruppennorm).

Andere Theorien bzw. Hypothesen verweisen auf die *Rolle der Medien,* insbesondere der sozialen Netzwerke, die eine eigene Wirklichkeit suggerieren, dabei einerseits zu Vereinsamung und einem Rückgang realer zwischenmenschlicher Kontakte, andererseits zur Bildung von homogenen virtuellen »Filterblasen« beitragen und zugleich aus der Anonymität heraus jeder und jedem als ein Sprachrohr mit hoher Aufmerksamkeitsgarantie und hohem (Selbst-)Bestätigungspotenzial dienen können.

Vermutlich kann man letztlich in den meisten Fällen von einer Mischung bzw. einem Zusammenwirken mehrerer Ursachen ausgehen. Zur aktuellen Situation in diesem Land lässt sich dabei sagen, dass insbesondere das Thema Zuwanderung eine zunehmend größere Rolle spielt. Migration nach Deutschland gab es schon immer, doch in den letzten Jahren hat sie sich sehr gewandelt. Die in den ersten sieben Jahrzehnten nach dem Zweiten Weltkrieg zugewanderten Gruppierungen waren zwar alles andere als homogen, aber dennoch halbwegs überschaubar: Gastarbeitende aus Mittelmeerländern (in Westdeutschland), Vertragsarbeitende (in Ostdeutschland), ehemalige Besatzer*innen, Spätaussiedler*innen, Geflüchtete aus dem Iran, Vietnam und der Balkanregion, Gaststudierende.

Seit einigen Jahren aber leben nun zunehmend Menschen unter uns, die aus Ländern kommen, von deren Existenz oder zumindest vielfältigen Kulturen etliche Einheimische bislang weder im Elternhaus noch in der Schule allzu viel erfahren haben dürften. Auch die öffentliche Berichterstattung war oder ist im Vergleich zu anderen Herkunftsgebieten eher gering, dazu teilweise einseitig. Gleichzeitig wollen die hier geborenen zweiten und dritten Generationen der oben genannten ursprünglich eingewanderten Gruppen inzwischen ebenfalls mitbestimmen, was in Politik und Gesellschaft passiert, womit sich die »alteingesessene« Bevölkerung quasi einer doppelten Herausforderung für ihre lange Zeit unangefochtene Mehrheitsposition gegenübersieht.

Hinzu kommt: Digitalisierung, Globalisierung, Überbevölkerung und Klimakatastrophe bringen bzw. zwingen die Menschheit zum gemeinsamen Handeln. Gleichzeitig haben sich internationale Machtkonstellationen und Allianzen verändert, Kriege, Armut, Naturkatastrophen und sonstige Ereignisse in vermeintlich weit entfernten Regionen können unmittelbare Auswirkungen auf die direkte Umgebung haben. Es ist nachvollziehbar, wenn Menschen sich angesichts dieser Entwicklungen überfordert fühlen. Wie verlockend ist es da, wenn auf den ersten Blick einfache Lösungen versprochen und für die vielfältigen Probleme Sündenböcke gefunden werden?

Hier bietet sich nun aber auch ein Ansatzpunkt für Kritik. So wie ein Mensch nicht unausweichlich rechten Politiker*innen folgen *muss,* weil er oder sie beispielsweise in einem autoritären Elternhaus aufgewachsen ist, so *müssen* auch die anderen oben genannten Theorien, die eine Ursachen-Wirkungs-Logik zwischen Ängsten, Bedürfnissen oder prekären sozialen Lagen und dem Entstehen von rechtem Gedankengut beschreiben, nicht quasi wie Automatismen zutreffen. Ein Problem ist, dass teilweise mehr Aufmerksamkeit auf ein Verständnis für das Verhalten von zunehmend mehr rechts denkenden und wählenden Menschen gelenkt wird als auf die Ursachen zum Beispiel prekärer sozioökonomischer Lagen. Zudem sind Befürworter*innen rechten Gedankenguts in allen Schichten zu finden, keineswegs sind alle ungebildet und nur der einfachen Lösungen wegen am »Rechtssein« interessiert oder davon überzeugt (► Kapitel »Stereotype«).

In einer konkreten Situation kann es hilfreich sein, die Beweggründe von Parolenredner*innen versuchen zu erkennen, jedoch ohne damit rechtes Gedankengut als quasi logische Konsequenz ihrer spezifischen Lebensumstände zu akzeptieren. Wenn man aber begründete oder auch nur eingebildete Ängste als übertrieben, irrelevant oder unsachlich abtut und jemanden mit solchen Ängsten zum naiven, vielleicht sogar dummen »Spinner« erklärt – also *nicht* *ernst nimmt* –, ist es nachvollziehbar, dass diese Menschen schließlich jemanden suchen, von dem oder der sie sich ernst genommen fühlen (► Kapitel »Wertschätzen«). Oder so jemanden schon gefunden haben und nun wiederholt die Bestätigung erhalten, dass sie eben sonst niemand ernst nimmt. Jene Personen, Parteien und Gruppierungen verknüpfen Ängste und Bedürfnisse ihrer Anhänger*innen geschickt mit ausgewählten Fakten und reinen Behauptungen, schwingen selbst Parolen und versprechen Besserung für alle nur erdenklichen Missstände, wenn sie an der Macht wären.

Oft sind die geäußerten Parolen also gar nicht eigene Überzeugungen, sondern übernommene Worthülsen. Aber Ihr Gegenüber ist, generell oder im Moment, nicht so gefestigt, dass es das durchblicken und dem widerstehen kann oder will. Wenn Sie vermuten oder wissen, dass es Ihrem Gegenüber womöglich nicht gut geht, können Sie genau danach fragen: »Ich erlebe Sie sehr aufgeregt. Wie geht es Ihnen denn gerade? Sie hatten ja nach Ihrer Krankheit/dem Todesfall in Ihrer Familie/Ihrem Jobverlust sicher keine einfache Zeit.« Oder: »Du hast mir jetzt ganz viel von anderen und Vorgängen in der Gesellschaft erzählt. Erzähl mal über dich. Wir haben uns lange nicht gesehen.« Wenn dann tatsächlich ein Gespräch in Gang kommt, geht es also vermutlich in Wirklichkeit eher um den Wunsch nach Aufmerksamkeit, das Bedürfnis nach Austausch zu einem ganz anderen Thema. Sie können nun überlegen, wie Sie Ihr Gegenüber beim eigentlichen Problem unterstützen können (► Kapitel »Bedürfnisse«).

Stufen rechten Denkens und Handelns

Rechtes Denken kann in Radikalisierungszyklen oder anhand einer Radikalisierungsspirale veranschaulicht werden. Einer gefühlten Bedrohung (zum Beispiel eine Gewalttat unter Zugewanderten) folgen die Dehumanisierung des »Feindes« (»Messermänner«, ► Kapitel »Frames«), die Systemkritik an den regierenden Eliten (»Die kümmern sich nicht um uns«), der dadurch scheinbar gerechtfertigte Widerstand und ein als Heldentum empfundener Schutz schwächerer Mitglieder der eigenen Gruppe (»Wir schützen unsere Frauen und Kinder selbst«) bis zur Utopie einer (für die eigene Gruppe) besseren Welt, für die es sich zu kämpfen lohnt, mit dem Ziel, an die Macht zu kommen. Notgedrungen müsse auf dem Weg auch mal Gewalt ausgeübt werden, eigentlich sei man aber friedlich.

Diese Eskalationslogik zeigt, wie wichtig es ist, früh einzugreifen, bevor aus Gedanken Worte, aus Worten Taten werden. Versuchen Sie, Ihr Gegenüber einzuschätzen, ob es noch erreichbar ist (► Kapitel »Wer ist Ihr Gegenüber?«).

Grundwerte und Political Correctness

Rechtes Gedankengut richtet sich gegen viele und vieles: Frauen, Behinderte, Zugewanderte (auch in nachfolgenden Generationen), »People of Color«, LSBTTIQ, Menschen nichtchristlicher Religionen (Aspekte unserer direkten Identität), Wohnungslose (Lebensumstände, soziale Milieus), Klimaaktivist*innen oder Vertreter*innen anderer Parteien (Interessen). Darüber dürfen auch weibliche »Vorzeige-Vorsitzende«, »Quoten-Migrant*innen« und gezielte ökologische Landwirtschaftsaktivitäten rechter Parteien und Gruppierungen nicht hinwegtäuschen. Abgesehen von der Gruppe der Klimaaktivist*innen, die sich heterogen zusammengesetzt für ein uns alle angehendes Thema einsetzt, sind von Schmähungen der anderen oben genannten Gruppen unterschiedlicher Diversitätskategorien die Interessen von Menschen und sozialen Minderheiten betroffen, die laut Grundgesetz (Diskriminierungsverbot, Artikel 3, Absatz 3 GG) einen besonderen Schutz genießen. Damit werden zentrale Aspekte der Demokratie in Frage gestellt – und auch das sollte uns alle angehen, selbst wenn Sie persönlich nicht zu der diffamierten Gruppe gehören. Wer andere Menschen aufgrund *eines* Diversitätsmerkmals ablehnt (zum Beispiel Wohnungslosigkeit), neigt für gewöhnlich eher dazu, auch Menschen mit anderen Merkmalen abzulehnen (Antifeminismus, Antisemitismus, Antiziganismus, Islamfeindlichkeit, Homophobie). Setzen Sie sich also idealerweise präventiv und proaktiv für Menschen allgemein ein, nicht erst, wenn einzelnen Gruppen ihre Grundrechte abgesprochen werden.

Zeigen Sie Ihre Haltung. Lassen Sie in der Erziehungsberatung scheinbar zufällig im Nebensatz fallen, wie wunderbar der schwule Patenonkel Ihres eigenen Kindes sich um ebendieses kümmert. Erwähnen Sie kurz beim morgendlichen Schichtwechsel, was für einen netten Abend Sie mit Ihren neuen indischen Nachbarn hatten.

Berichten Sie bei der Familienfeier, wie engagiert die Grundschullehrerin Ihrer Tochter sich für die behinderte Mitschülerin einsetzt und dass alle Kinder davon zu profitieren scheinen.

Die Bedeutsamkeit von Grundwerten zeigt sich auch an der Political Correctness (PC). Inzwischen ist in rechten Kreisen ein Anti-PC-Diskurs entstanden. Auf eine angebliche Einschränkung der Meinungsfreiheit oder eine Meinungsdiktatur wird hingewiesen, gegen die man sich wehren müsse – nach dem Motto »Man wird ja wohl noch sagen dürfen …« Veränderungen hin zu einer diskriminierungsfreieren Sprache werden in negativer Weise aufgegriffen, wie die Einführung von Gendersternchen-Schreibweisen oder die Umbenennung von Schokoschaumküssen. Was zuweilen lächerlich gemacht und als dem Gemeinschaftssinn abträglich bezeichnet wird – »Haben wir denn keine anderen Sorgen? Wer kümmert sich um die alleinerziehende Mutter? Wäre das Geld nicht sinnvoller für die Renovierung der Schultoiletten unserer Kinder investiert?« (► Kapitel »Umlenkung von Themen«) –, wendet sich letztlich gegen die freiheitlich-demokratische Grundordnung.

Und wer immer wieder sprachlich diskriminiert wird (selbst wenn Sätze hinterhergeschoben werden wie »Das sagt man halt so« oder »Na ja, ich meinte ja nicht dich«), kann auf Dauer psychisch und physisch erkranken – unabhängig davon, ob die Aussagen ernst gemeint waren oder »nur« unachtsam ausgesprochen worden sind (► Kapitel »Niemand ist perfekt«). Bemühen Sie sich daher um eine diversitätssensible Sprache.

Niemand ist perfekt

Rechte Parolen werden nicht nur von bewusst rechts denkenden Menschen verbreitet. Das kann auch unbewusst und unbeabsichtigt passieren, auch von stark reflektierenden Menschen bester Absichten, die in psychologischen, therapeutischen, beratenden, pädagogischen Arbeitsfeldern zu finden sind.

Nun lassen sich unterschiedliche Reaktionen feststellen. Die einen bleiben sachlich und bedanken sich, dass man sie auf einen blinden Fleck hingewiesen hat. Die anderen weisen Ihren Hinweis auf eine unangebrachte Äußerung erbost zurück. Sie *können* sich doch gar nicht rechts, rassistisch, ausländerfeindlich, diskriminierend, homophob oder sonst wie kritikwürdig geäußert haben. Schließlich hätten sie an soundso vielen Fortbildungen teilgenommen, seien von ihrer Profession oder ihrem Arbeitsgebiet her mit dem Thema mehr als vertraut, würden selbst einer häufig diskriminierten Gruppe angehören … Ein Schutz, ein Ballzurückwerfen, denn es fällt schwer, vom Kollegen, von der Freundin, dem Patienten zurechtgewiesen und erst recht mit Rechten in einen Topf geworfen zu werden (auch wenn Sie das gar nicht explizit gesagt haben). Bilden Sie daher eine Brücke: »Du, ist mir auch schon passiert«, »Es ist im Stress manchmal gar nicht so leicht, die richtigen Worte zu finden, da müssen wir uns einfach gegenseitig unterstützen«, »Unsere Welt wird aber auch immer komplizierter, da kann man sich gar nicht mehr mit allem auskennen. Aber ich würde Sie doch bitten, darauf zu achten, dass Ihre Formulierung verletzend verstanden werden kann, selbst wenn sie natürlich nicht so gemeint war.« Sie wahren das Gesicht des Gegenübers und ermöglichen einen weiteren störungsfreien Verlauf des Gespräches.

Natürlich gilt diese Selbstreflexion auch für Sie, denn auch Ihnen (auch mir) können unpassende Worte über die Lippen kommen, egal wie oft Sie sich mit diesem Thema beschäftigt haben.

Das Wichtigste aus Kapitel 1.1

- Die Abgrenzungen zwischen rechts*populistisch,* rechts*radikal,* rechts*extrem* usw. können fließend sein.
- »Rechtes« Denken und Handeln kann sich gegen unterschiedlichste Gruppen richten und gefährdet die Demokratie.
- Entsprechende Einstellungen können vielfältige Ursachen haben und kommen in allen Gesellschaftsschichten vor.
- Hinter rechten Parolen können sich unterschiedliche Bedürfnisse verstecken.
- Nicht jede rechte Äußerung hat einen rechten Hintergrund.
- Ein frühes Eingreifen ist wichtig!

1.2 Muster erkennen

Stereotype

»Daß irgendein Mensch auf Erden ohne Vorurteil sein könne, ist das größte Vorurteil.«
August von Kotzebue (deutscher Dramatiker, 1761–1819)

Wir alle haben Vorurteile bzw. stereotype Vorstellungen. Trauen Sie niemandem, der das von sich weist! Doch woher kommen sie eigentlich, warum haben wir sie, und wie können wir damit umgehen?

Der Begriff »Vorurteil« ist eher negativ konnotiert, dabei geht es im Wortsinne nur um ein Urteil, das man eben schon »vorher« hat. Der Begriff »Stereotyp« ist umfassender und daher bevorzugt zu verwenden. Stereotype gibt es überall. Es handelt sich um im Verlauf der Sozialisation erlernte, meist unreflektiert übernommene Pauschalisierungen über Eigen- und Fremdgruppen und deren Einzelmitglieder (auch »Token« genannt). Stereotype beschreiben, sie können neutral, positiv und negativ sein bzw. empfunden werden. Dass *alle* Brasilianerinnen im Glitzerbikini Samba tanzen, mag für einige äußerst attraktiv sein, anderen ist es egal, wieder andere mag es nerven. Es ist aber in jedem Fall eine Verallgemeinerung, ebenso wie die Aussagen, dass *alle* BMW-Fahrer eine eingebaute Vorfahrt haben, *alle* Russen Wodka trinken, *alle* Balletttänzer schwul sind oder *alle* Sozialarbeiter stundenlang diskutieren. Stereotype fallen nicht vom Himmel. Natürlich gibt es sambatanzende Brasilianerinnen und BMW-Fahrer, die sich mit Lichthupe bedrohlich im Rückspiegel nähern. Aber eben nicht alle! Da unsere Wahrnehmung selektiv ist, achten wir stärker auf Bestätigungen unserer Stereotype. Wenn wir Abweichungen erleben – ein Russe verlangt eine Rhabarbersaft-Schorle, ein Sozialarbeiter spricht kurz, knapp, sachlich –, sagen wir uns: »Ja, natürlich, es gibt ja auch Ausnahmen von der Regel.« Dies tun wir insbesondere dann, wenn wir den Anspruch an uns haben, dass wir eben *keine* Vorurteile haben.

Stereotype begegnen uns überall ab der frühen Kindheit. In Spielzeug, in Witzen, in Büchern, in Kinofilmen, in der Werbung, in der Nachrichtenberichterstattung. Niemand kann sich dem entziehen. Das merken Sie daran, dass Ihnen, selbst wenn Sie weder eine Brasilianerin noch einen Balletttänzer persönlich kennen, oben genannte Stereotype beim Lesen bekannt vorkamen. Übrigens: Allein dadurch, dass Sie das eben gelesen haben, können sich Ihre Stereotype über diese Gruppen verfestigen, selbst wenn wir die Stereotypen hier kritisch hinterfragen (► Kapitel »Frames«).

Stereotype haben wichtige Funktionen. Sie helfen uns, in der Vielzahl von auf uns einprasselnden Eindrücken den Überblick zu behalten, ökonomisch-funktional zu denken und auf bestehende Bilder zurückzugreifen. Sie erklären uns (vermeintlich), wie man mit anderen umzugehen hat (»Achtung, ein Schwarzafrikaner – sicher illegal und Drogendealer, lass uns lieber die Straßenseite wechseln«, »Ah, zwei junge Mütter, beide übergewichtig, stark tätowiert, im Brennpunktviertel lebend – denen muss ich erst mal was über verantwortungsvolle Kindererziehung und Handykonsum erzählen«). Stereotype grenzen uns von der anderen Gruppe ab (»Othering«), was die Verbundenheit innerhalb der eigenen Gruppe stärkt. Sie lassen uns die eigene Gruppe (Autostereotype) eher positiv, die fremde Gruppe (Heterostereotype) eher negativ wahrnehmen, was uns wiederum entlasten kann. Haben wir naturgemäß von unserer Gruppe ein gutes identitätsstiftendes Bild, wollen wir uns dies nicht zerstören lassen.

Stereotype können uns auch dazu bringen, uns so zu verhalten, dass wir sie unbewusst selbst bedienen. Es kommt zu selbsterfüllenden Prophezeiungen. Wenn ich glaube, dass alle Afrikaner*innen Rhythmus im Blut haben, werde ich ein aus dem Senegal stammendes Kind zur Trommel-AG motivieren. Einem Kind koreanischer Herkunft hingegen gebe ich Sachbücher in die Hand. Sitzt später das senegalesische Kind still in einer Ecke und starrt völlig in sich gekehrt in ein Buch, scheint etwas nicht zu stimmen, ich beginne mir Sorgen zu machen. Fängt wiederum das koreanische Kind an, auf allem rumzutrommeln, was ihm in die Hände kommt, werde ich es gegebenenfalls als verhaltensauffällig wahrnehmen.

Aufgrund dieser Komplexität und Allgegenwärtigkeit von Stereotypen kann man – wie schon August von Kotzebue – davon ausgehen, dass ein Freisein oder -werden von ihnen nicht möglich ist. Ziel ist vielmehr die Reflexion. Glauben Sie also nicht, Sie hätten keine Schubladen, und versuchen Sie auch nicht, diese krampfhaft zuzudrücken. Das klappt sowieso nicht. Öffnen Sie stattdessen Ihre

Schubladen, schauen Sie hinein. Dem folgt der Ansatz der vorurteils*bewussten* Pädagogik. Welche Stereotype haben wir selbst? Woher? Von wem? Wie gehen wir damit um? Welche geben wir unbedacht an unsere Kinder weiter? Wie wird in unserer Praxis, Bildungsstätte, Beratungsstelle damit umgegangen? Wie in unserem Sport- oder Gesangsverein?

Stereotype können Grundlage für Diskriminierungen und Rassismen sein. In dieser Funktion werden sie gern von Rechten benutzt: »*Die* Muslime können einfach ihre Kinder nicht erziehen«, »*Die* Flüchtlinge sind *alle* kriminell«. Darüber hinaus werden oft auch Gruppen gegenübergestellt, die man so nicht vergleichen kann, beispielsweise »geschäftstüchtige Juden« (*Religion*, Heterostereotyp, negativ gemeint) versus »rechtschaffene Deutsche« (*Nationalität*, Autostereotyp, positiv gemeint).

Anstatt in Auto- und Heterostereotype zu trennen, suchen Sie lieber Verbindendes: »Wir sind alle Eltern und wollen sicher das Beste für unsere Kinder. Offenbar haben wir unterschiedliche Vorstellungen davon, was das genau ist. Darüber können wir sprechen.« Nutzen Sie emotionale Ich-Botschaften: »Wenn Sie meinen, dass man *alle* Obdachlosen wegsperren sollte, dann trifft mich das sehr, weil meine Schwester zwei Jahre auf der Straße lebte.« Korrigieren bzw. relativieren Sie: »Sie haben von *einer* Roma-Familie gesprochen, deren Kinder nicht in die Schule gehen. Wir kennen weder die Ursachen, noch können Sie daraus schlussfolgern, dass das *alle* Roma betrifft – oder kennen Sie alle?« Denken Sie die Thesen des Gegenübers weiter: »Bist du denn wirklich dafür, dass *alle* Geflüchteten abgeschoben werden, weil einzelne …«, »Wie würde dein und mein Leben wohl aussehen, wenn es ab morgen keine Zugewanderten mehr in diesem Land gäbe?«

Kulturalisierung

Wenn eine Kolumbianerin zum vereinbarten Beratungstermin zu spät kommt, muss das nichts mit einer angeblich per se unpünktlichen Latino-Kultur zu tun haben, für die sie als »Token« steht (vielleicht hatte die Bahn ein Problem? Vielleicht ist ihr Kind krank und sie musste auf die Schnelle noch eine Betreuung finden?). Wenn ein Libanese im Supermarkt beim Lebensmitteldiebstahl erwischt wird, hat das nicht automatisch mit arabischer Clan-Kriminalität zu tun (vielleicht hatte er einfach Hunger?).

Wie in der Stereotypentheorie (► Kapitel »Stereotype«) ist der Aspekt der Verallgemeinerung ein wesentliches Element der Kulturalisierung oder Ethnisierung: »*Die* Latinos« kommen immer zu spät, »*die* Araber« sind kriminell. Gerade Fehlverhalten von Mitgliedern in einer anderen Gruppe wird von Rechten gern kulturalisiert oder ethnisiert. Dasselbe Verhalten von Mitgliedern der eigenen Gruppe wird hingegen anders gedeutet, nämlich als *individuelles* Verhalten. Das zeigt sich auch oft in der Berichterstattung über Straftaten, was Rechten in die Hände spielt: Ein Mord an der Ehefrau ist mal Beleg für die frauenfeindliche Kultur/Religion/Ethnie/Tradition (Fremdgruppe), mal eine Familientragödie (Eigengruppe) – ohne dass die Personen und Umstände zum Zeitpunkt der Meldung näher bekannt sind.

Zudem wird von Rechten mit unterschiedlichen Kulturdefinitionen gearbeitet. Bezogen auf Vertreter*innen einer anderen Gruppe wird Kultur als ein alle Mitglieder prägendes, unveränderbares Element verstanden und zur Abwertung benutzt (»Die sind eben so!«). Bezogen auf Vertreter*innen der eigenen Gruppe bestimmen individuelle Charaktereigenschaften, familiäre Prägungen und die konkrete Situation das Handeln. Eine etwaige kulturelle Prägung rückt in den Hintergrund.

Alle Menschen werden in kulturelle Gruppen hineingeboren (Nationalität, Ethnie, Religion, Region, soziales Milieu), die aber in sich längst nicht mehr homogen sind (wenn sie es denn je einmal waren), sondern zunehmend von weiteren Faktoren geprägt werden (Beruf, Hobbys, neue Familie durch Heirat, neue Kultur/neues Umfeld durch Migration). Im Sinne eines transkulturellen Kulturbegriffes können sowohl früh als auch später erlernte kulturelle Elemente die Identität prägen und ebenso wie persönliche Eigenschaften sowie die jeweilige Situation das Handeln beeinflussen.

Der Begriff »Kultur« wird von Rechten wertend missbraucht. Zugewanderte werden hämisch-ironisch als »Kulturbereicherer« bezeichnet. Sie haben sich in eine »Leitkultur« einzufügen. Die »Volkskultur« hingegen müsse rein gehalten werden.

Fragen Sie nach, was Ihr Gegenüber meint, wenn es von »Kultur« sprechen sollte.

Frames

Frames sind der Rahmen, in dem eine Botschaft übermittelt wird. Wenn Fakten komplex und sperrig sind und/oder bestimmte Stimmungen hervorgerufen werden sollen – und das ist in der Politik der Fall –, werden Frames eingesetzt. Sie funktionieren, weil sie auf abgespeichertes Wissen und Erfahrungen der Adressaten zurückgreifen. Frames sind selektiv, sie interpretieren, bewerten und bestimmen das folgende Denken und Handeln der Zuhörenden. Da der Hauptteil unseres Denkens außerhalb unserer bewussten Wahrnehmung stattfindet, wir also gar nicht in der Lage sind, rein faktenorientiert zu kommunizieren, brauchen wir Frames. Wir sollten uns jedoch über deren Auswahl, Einsatz und Wirkung bewusst sein.

Frames kommen gern in der Form von Metaphern daher. Dies können einfache Bilder sein, die Sachverhalte plastisch darstellen, aber auch konzeptionelle Metaphern, die unser Denken und Handeln meist unbemerkt strukturieren und lenken. Politische Sprache nutzt Metaphern, um abstrakte Themen zu veranschaulichen – und natürlich, um die jeweils verfolgten Ziele zu erreichen. Dagegen ist nichts zu sagen, solange die Sprache sich an demokratischen Grundsätzen orientiert. Dies ist bei rechter Sprache nicht der Fall.

Rechte Sprache setzt Geflüchtete in Metaphern gern mit hereinbrechenden Naturkatastrophen gleich und kreiert Komposita (zusammengesetzte Hauptwörter) wie Flüchtlings*welle,* Ausländer*flut,* Asylanten*strom.* Als würden Geflüchtete wie Wassermassen sinn- und willenlos ein Land überschwemmen (Flüchtlingsschwemme) und es zerstören, ohne davon selbst Schaden zu nehmen (dem Wasser passiert bei einer realen »Schwemme« ja nichts). Dass Geflüchtete in einer Notsituation und erheblichen Gefahren ausgesetzt, dazu mit zum Teil unvorstellbaren Erfahrungen von Leid, Angst, Verletzungen und Tod konfrontiert sind, kommt in Metaphern wie den obigen nicht zum Ausdruck. Stattdessen werden verharmlosende Verallgemeinerungen genutzt (Wasser als amorphe Masse, nicht als Individuum; ► Kapitel »Stereotype«).

Werden Sie also hellhörig bei solchen Formulierungen. Möglicherweise nutzen Sie selbst einige, da sie auch in der seriösen Berichterstattung zu finden sind, insbesondere das Wort Flüchtlings*krise.* Sprechen Sie stattdessen besser von »Fluchtmigration«,

»Flüchtlingslage«, der »Einreise von Schutzsuchenden«, und nennen Sie konkrete Zahlen.

Werden von Rechten ersonnene Wortschöpfungen wie »Kopftuchmädchen«, »Messermänner« und »Bahnhofsstoßer« wiederholt in einem Atemzug genannt, werden nicht nur Menschengruppen auf je ein Attribut reduziert und beleidigt, sondern auch als quasi automatisch zusammengehöriges Paar wahrgenommen. Sprechen Sie stattdessen von »Frauen muslimischen Glaubens« oder von dem konkreten Fall, in dem ein Mensch straffällig wurde.

Rechte bezeichnen Zugewanderte oft als Krankheiten oder den Wirt krankmachende Eindringlinge: Schmarotzer, Parasiten etc. Welche Bilder laufen bei diesen Wörtern vor Ihrem geistigen Auge ab? Vermutlich würden Sie solche Fremdkörper schnell wieder loswerden wollen – und genau dieses Gefühl soll erzeugt werden.

Rechte Parolen nutzen Untergangsszenarien: »Das Boot ist voll!« Da natürlich jeder weitere Geflüchtete das Boot zum Sinken bringen kann, ist nachvollziehbar, dass der Ruf nach jemandem, der es wieder auf Kurs bringt, laut wird.

Wenn Sie nun sagen: »Aber das sind doch Menschen und keine Schmarotzer, die brauchen doch Hilfe. Stell dir vor, du wärest geflohen und hättest nichts …« oder »Das Boot ist gar nicht voll. Wir haben genug Platz, um noch Menschen aufzunehmen«, und Möglichkeiten der Unterbringung vorrechnen – dann haben Sie gerade Ihrem Gegenüber in die Hände gespielt. Man kann nämlich ein Bild oder einen Frame nicht negieren, indem man ihn verneint! Oder gelingt es Ihnen, wenn Sie diesen Satz lesen, an *keinen* rosa Elefanten zu denken? Wiederholen Sie daher keine Frames Ihres Gegenübers, sonst sorgen Sie nur für deren Verbreitung. Nutzen Sie stattdessen eigene Metaphern und Frames, Bilder und Rahmen.

Vereinnahmungen

Populist*innen vereinnahmen Sie gern und maßen sich an, in Ihrem Sinne zu sprechen: »*Wir* müssen aufpassen«, »*Uns* nimmt man alles weg«. Haken Sie nach. Bitten Sie Ihr Gegenüber, die Pauschalisierungen zu präzisieren: »Wen meinst du eigentlich an der Stelle mit *wir* und wen mit *die?*« Die Strategie, Sie zu vereinnahmen, ein positiv klingendes gemeinsames »Wir« herzustellen, kann ein rhetorisches

Mittel in der konkreten Situation sein. Es kann aber auch Teil einer subtilen größeren Strategie sein, sich mit Ihnen zu verbinden, um dann allmählich – langfristig – »die anderen« mit Ihrer indirekten Billigung schleichend auszugrenzen.

Üblich ist auch eine direkte, geschlossen fragende, suggestive Ansprache: »*Dir ist es doch sicher auch* nicht recht, wenn …«, »Es kann ja *wohl kaum in Ihrem Interesse* sein, dass …«, »*Man* kann ja heute *überhaupt nicht* mehr …« Diese Formulierungen zeigen Ihnen, dass Ihr Gegenüber an Ihren Gedanken gar nicht interessiert ist. Fragen Sie offen nach persönlicher Betroffenheit anhand konkreter Beispiele: »Was macht *Ihnen* genau Sorgen?«, »Inwiefern betrifft *dich* das?«, »Was haben *Sie selbst* erlebt?«

Natürlich können auch Sie Gebrauch dieses rhetorischen Mittels machen und versuchen, Ihr Gegenüber für Ihre Position zu vereinnahmen.

Meinungsfreiheit

»Ich kann hier sagen, was ich will! Wir haben freie Meinungsäußerung.« Wenn Ihr Gegenüber so beginnt, können Sie häufig gleich weitermachen mit: »Nein, können Sie in diesem Fall nicht!« oder »Wenn Sie gerade unser Grundgesetz zitieren, dann lesen Sie bitte weiter. Da heißt es in Paragraf 5, Absatz 2 ausdrücklich …«

Viele rechte Parolen verbreitende Menschen berufen sich auf das Grundgesetz. Das können sie gern tun. Nur sollten sie nach dem eingangs zitierten Paragrafen 5, Absatz 1 (»Jeder hat das Recht, seine Meinung in Wort, Schrift und Bild frei zu äußern und zu verbreiten …«) weiterlesen. In Paragraf 5, Absatz 2 heißt es nämlich: »Diese Rechte finden ihre Schranken in den Vorschriften der allgemeinen Gesetze, den gesetzlichen Bestimmungen zum Schutze der Jugend und in dem Recht der persönlichen Ehre.« Das heißt: Sie dürfen niemanden beleidigen. Entweder kennt Ihr Gegenüber diese Fortführung bzw. Einschränkung nicht oder will sie nicht kennen. Aber Sie sollten sie kennen – sofern Sie auf inhaltlicher Ebene diskutieren oder zeigen wollen, dass Ihr Gegenüber mit Ihnen an eine kenntnisreiche Person geraten ist. Lassen Sie nicht zu, dass Teile des Grundgesetzes unvollständig zitiert als Totschlagargument missbraucht werden.

Im Strafgesetzbuch gibt es zudem zahlreiche Paragrafen, die Beleidigung (§ 185 StGB), Verleumdung (§ 187 StGB), Volksverhetzung (§ 130 StGB) oder Aufrufe zu Straftaten (§ 111 StGB) unter Strafe stellen. Solche Elemente sind häufig in sogenannter »Hate Speech« enthalten.

Paradox wird es, wenn Rechtsextreme behaupten, *sie* würden an ihrer freien Meinungsäußerung gehindert, und sich so als Opfer des Staates inszenieren. Dass für alle (!) in diesem Land das Recht auf freie Meinungsäußerung gilt, zeigt sich allein schon daran, dass Veranstaltungen und Demonstrationen rechter Parteien oder Organisationen durchgeführt werden können und von der Polizei geschützt werden.

Heiße Luft

»Die stärksten Parolen liefern oft die schwächsten Argumente.«
Isabella Krainer (österreichische Autorin *1974)

Hinter vielem, was Ihr Gegenüber sagt, steckt möglicherweise heiße Luft. Lassen Sie sich von dem vermeintlichen (Fach-)Wissen nicht irritieren. Sie müssen nicht alles kennen und wissen. Gern werden beispielsweise »Zeugen« genannt. Vielleicht gibt es diese aber gar nicht. Lassen Sie sich also nicht davon einschüchtern, wenn Sie von einem »Experten« noch nie etwas gehört haben. Genau das ist möglicherweise das Ziel: Sie sollen als uninformiert dastehen, Ihr Gegenüber als umso wissender, sodass es Ihnen jetzt durch seine »Aufklärung« auf den »rechten« Weg hilft.

Gleiches gilt für Geschichten von Ereignissen oder Erlebnissen, die gern drastisch geschildert werden und die rechte Parolen scheinbar untermauern. Sie können stimmen, werden dann aber oft überbewertet bzw. dramatisiert. Sie können aus dem Kontext gerissen sein und werden so missbraucht. Sie können auch frei erfunden sein – Stichwort »Fake News«.

Das gilt ebenso für Statistiken, die herangezogen werden, um den vermeintlichen Wahrheitsgehalt der Aussagen Ihres Gegenübers zu belegen. Ob diese tatsächlich existieren oder bewusst nur ausschnittsweise (und damit verfälscht) wiedergegeben werden, können Sie so schnell gar nicht beurteilen. Das sollen Sie natürlich auch nicht.

Zuweilen stammen sie aus Materialien, die ausschließlich in rechten Netzwerken kursieren und mit der Realität oft wenig gemein haben. Als Quelle wird dann »das Internet« angegeben.

Fragen Sie offen nach, woher die Informationen stammen (► Kapitel »Fragen«): »Sie haben von einer Statistik erzählt. Wer hat die in Auftrag gegeben? Von wann sind die Zahlen? Wo ist sie veröffentlicht worden? Wo kann ich das nachlesen?« Nebenbei zücken Sie Ihr Smartphone und fangen schon mal an zu googlen. »Von wem genau haben Sie Ihre Information? Das interessiert mich, darf ich mir das notieren?« Dazu kramen Sie Papier und Bleistift raus. »Wie viele Menschen, die das betrifft, kennen Sie denn persönlich?« – »Viele.« – »Viele? Was heißt genau: viele?«

Wenn Ihr Gegenüber ausweicht und statt einer Antwort die nächste Parole raushaut (► Kapitel »Parolenhopping«), dann merken Sie, dass das vorangestellte Zitat Isabella Krainers wieder einmal zutrifft.

Zwei vor, einen zurück

Rechte provozieren gern und übertreten und erweitern damit bewusst die Grenzen des Sagbaren. Auf parteipolitischer Ebene gehört dies zur Methode: erst provozieren, dann zurückrudern. Man sei missverstanden worden, habe sich unglücklich ausgedrückt. Wenn der (mediale) Druck zu groß wird, gibt es eine halbherzige Entschuldigung (gegebenenfalls geschieht dies auch durch ein anderes Parteimitglied). Dennoch: Das Gesagte steht im Raum, und das war die Idee dahinter.

Anstatt sich aufzuregen und dabei (► Kapitel »Frames«) womöglich auch noch die gegnerischen Frames zu wiederholen (»Wie können Sie so etwas sagen? Das stimmt doch gar nicht, dass alle Afrikaner nur zum Vergewaltigen hierhergekommen sind. Das ist ja total rassistisch!«), ist es sinnvoller, auf die Äußerung nüchtern zu reagieren und deutlich auf die Verzerrung hinzuweisen: »Die Verallgemeinerung und damit Ungenauigkeit Ihrer Aussage ist Ihnen sicher bewusst. Ich würde gern etwas differenzierter mit Ihnen weiter über unser *eigentliches* Thema sprechen.« Sie sollten nämlich aufpassen, dass Sie sich nicht nur noch mit den Aufregern Ihres Gegenübers beschäftigen und dessen Thesen abarbeiten. Versuchen Sie, *Ihre* Themen zu setzen.

Wenn Sie Ihr Gegenüber darauf hinweisen, dass eine Aussage unpassend war, wird Ihnen vielleicht entgegnet: »Das meine ich ja nicht so!« Damit möchte das Gegenüber die Verantwortung abgeben und suggerieren, die Äußerung sei quasi Allgemeingut. Darauf können Sie zurückfragen: »Wie war es denn gemeint?« Oder einfach: »Dann sag es auch nicht.«

Basic und High Talk

»Mit Rassisten zu diskutieren ist
wie mit einer Taube Schach zu spielen:
Es ist egal, wie gut du bist!
Die Taube wird alle Figuren umschmeißen,
auf das Feld kacken und sich so aufführen,
als habe sie gewonnen.«
Eric Cantona (ehemaliger französischer Fußballer, *1966)

Sie möchten inhaltlich kommunizieren. Sie sind vorbereitet. Doch Ihr Gegenüber schafft es, Sie total aus dem Konzept zu bringen, Sie saublöd dastehen zu lassen und damit bei manchen Zuhörenden auch noch zu punkten. Wie macht es das? Ihr Gegenüber nutzt möglicherweise Methoden des sogenannten »Basic Talk«. Kurze, einfache Sätze, ständige Wiederholungen, raumgreifende Bewegungen, leicht überlaute Stimme, langsame Schritte – kurz: das Verhalten eines Alphatiers bzw. eine Form der vertikalen Kommunikation, in der die Klärung und Anerkennung der Hierarchie Priorität haben (große Machtdistanz). Hinzu kommen gezielte Provokationen, »Whataboutismen« (► Kapitel »Umlenkung von Themen«), persönliche Beleidigungen, dreiste Lügen.

Sie hingegen versuchen, horizontal zu kommunizieren, wertschätzen Ihre Gesprächspartner*innen vorrangig aufgrund von deren Kenntnissen, wollen etwas von ihnen erfahren. Hierarchische Positionen sind für Sie nachrangig (geringe Machtdistanz). Sie machen sogenannten »High Talk«. Das passt nicht zusammen.

Das Bild der schachspielenden Taube beschreibt Ihr Dilemma sehr gut: Sie können nicht gewinnen, denn Ihr Gegenüber entzieht sich den Regeln, nach denen Sie sich richten. Sie können versuchen, Elemente des High Talk zu nutzen. Betonen Sie zunächst die (berufliche) Position des anderen (das braucht er/sie fürs Ego, um überhaupt erreichbar zu sein). Reden Sie ebenfalls langsam und ruhig, bleiben Sie dabei aber sachlich, und wiederholen Sie Ihre eigenen Argumente. Gegebenenfalls brechen Sie das Gespräch ab (► Kapitel »Status«).

Klären Sie generell, mit wem Sie es zu tun haben (► Kapitel »Wer ist Ihr Gegenüber?«). Ist Ihr Gegenüber von den Parolen überzeugt, oder nutzt es sie »nur« zur Demonstration der Machtposition, insbesondere gegenüber Dritten, und wählt je nach Gesprächspartner*in beliebig rassistische, sexistische, behindertenfeindliche oder sonstige beleidigende bzw. diskriminierende Sprüche aus, um die anderen ab- und sich selbst aufzuwerten? Brechen Sie die Kommunikation gegebenenfalls ab und entziehen Sie dem Gegenüber die Bühne.

Umlenkung von Themen

Sie sind mitten in einer sachlichen, höflichen Unterhaltung, und auf einmal entgleist Ihnen die Diskussion? Hatten Sie nicht ursprünglich ein ganz anderes Thema? Wie sind Sie überhaupt in eine Grundsatzdiskussion mit rechtsextremen Inhalten hineingeraten? Warum haben Sie das Gefühl, *Sie* müssten sich plötzlich für irgendetwas rechtfertigen? Möglicherweise brachte Ihr Gegenüber die Diskussion sehr bewusst auf eine andere Schiene und machte mit kommunikativen Nebelkerzen Nebenschauplätze auf. Mit der rhetorischen Technik des »Whataboutism« wird auf eine Frage mit einer Gegenfrage oder einem neuen Thema geantwortet: Sie kritisieren rechtsextreme Gewalttaten, und Ihr Gegenüber kontert, es gebe auch linksradikale Gewalt.

Im Internet kursiert für solche und ähnliche Manöver inzwischen der Ausdruck »Derailing« (englisch »Entgleisung«). Jemand berichtet zum Beispiel von einem Projekt über Hilfe für Benachteiligte bei der Wohnungssuche. Anstatt sich nun damit inhaltlich auseinanderzusetzen, werden Rechtschreibfehler im Text thematisiert und Kommentare über die dadurch scheinbar offensichtliche Inkompetenz der Projektverantwortlichen verfasst. Oder es werden lediglich die Ursachen, die zur Notwendigkeit des Projekts geführt haben, diskutiert. Diese Variante hat zwar eine inhaltliche Relevanz, lenkt aber auch nur vom eigentlichen Thema – dem Projekt als solchem – ab bzw. leitet die Diskussion auf ein abseitiges Gleis. Und das ist das Ziel.

Achten Sie also darauf, in der Spur zu bleiben. Seien Sie freundlich, bestimmt und hartnäckig: Andere Aspekte könnten ja gern zu einem späteren Zeitpunkt angesprochen werden, nun gehe es aber erst einmal allein um das eigentliche Thema.

Natürlich können auch *Sie* in gewisser Weise Diskussionen (um-)lenken. Ihr Gegenüber schimpft über eine bestimmte Gruppe, grenzt diese aus, spricht ihr bestimmte Fähigkeiten ab? Anstatt über *diese* Gruppe zu sprechen, stellen Sie Vergleiche zu einer anderen (Minderheiten-)Gruppe her, zu der Ihr Gegenüber einen positiv besetzten Bezug hat. Je nach Situation lassen Sie Ihr Gegenüber den Transfer herstellen oder sprechen die Parallele selbst an.

Untergangsstimmungen

Bewusst verbreitet Ihr Gegenüber schlechte Stimmung und nutzt destruktive Gesprächsstrategien. Und dafür gibt es seiner Meinung nach nur eine Lösung: die eigene Wahrheit, die eigene Partei, die eigenen Ideen.

Lassen Sie sich von den Untergangsszenarien nicht anstecken. Ein *zu* positives Denken könnte Ihr Gegenüber als naiv bezeichnen, sodass Sie damit nicht weiterkommen. Stellen Sie Ihrem Gegenüber offene Fragen (► Kapitel »Fragen«) nach Lösungen: »Ich verstehe jetzt besser, was dir Sorgen macht und was du *nicht* willst. Welche konkreten Ideen hast du denn?« Oder: »Wie wollen Sie Ihre Ideen realistisch umsetzen?«

Erzählen Sie von eigenen schönen Erlebnissen (► Kapitel »Persönliche Bezüge«) und lassen Sie sich die nicht kaputtreden: »Sie haben Ihre Erfahrungen, ich habe meine. Ist schon spannend, wie unterschiedlich das sein kann …«

Definieren Sie Leitbegriffe: »Gerechtigkeit bedeutet für *mich* …« (► Kapitel »Grundwerte und Political Correctness«).

Parolenhopping

> *»Solange man selbst redet, erfährt man nichts.«*
> Marie von Ebner-Eschenbach
> (deutsche Schriftstellerin, 1830–1916)

Ein Parolenhopping (auch Themenhopping oder Flickenteppich genannt) bedeutet, dass jemand ein Gespräch durchaus freundlichbelanglos beginnen kann und dann in kürzester Zeit von einem Thema zum nächsten springt: »*Die* kommen *alle* hierher und wollen sowieso nicht arbeiten. Guck mal in die Statistik des Arbeitsamtes. Fahr doch mal an dem Flüchtlingswohnheim vorbei. *Die* hängen da *alle* nur rum. Das finanziert der Staat *denen.* Und dann ist kein Geld mehr für *unsere* Kindergärten da. Ich hab neulich erst wieder mit einer Erzieherin gesprochen. Und der ganze Müll fliegt da aus dem Fenster. Wer macht das weg? *Unsere* Stadtverwaltung. Mit *unseren* Steuern. Das kann doch *nicht in deinem Sinne* sein. Und *unsere* Töchter können *wir* sowieso nicht mehr auf die Straße lassen. Du hast doch sicher gelesen, was da neulich wieder passiert ist …« (*kursiv:* Beispiele von Stereotypen und Vereinnahmungen).

Warum tun Menschen dies? Treffender als Marie von Ebner-Eschenbach kann man es kaum sagen: Ihr Gegenüber möchte in der Tat nichts erfahren. Es möchte kein Gespräch im Sinne von Meinungsaustausch mit Ihnen. Parolenhopping soll von möglichen Widersprüchen in den Thesen des Gegenübers ablenken. Es sollen Zusammenhänge hergestellt werden, wo keine sind. Es soll Sie verwirren. Sie sollen keine Möglichkeit zum Einhaken erhalten. Sie sollen vom schier unendlichen Wissen Ihres Gegenübers beeindruckt sein, sodass Sie dessen Aussagen am Ende bestenfalls auch glauben. Ihr Gegenüber erhält eine Bühne für seine Thesen und fühlt sich stark, eben weil keine Gegenrede kommt.

Wenn Sie das erkennen, fällt es Ihnen vermutlich leichter, eine passende Taktik zu wählen (► Kapitel »Was ist Ihr Ziel?«). Wenn Sie inhaltlich einsteigen möchten (► Kapitel »Argumentieren«), greifen Sie *eine* Parole heraus und fragen Sie konkret nach: »Du hast jetzt gerade so viel erzählt. Mich würde noch mal der erste Punkt interessieren. Da hast du von einer Statistik gesprochen. Was genau steht da drin?« Wenn das Gegenüber ausweichen sollte, immer wieder nachhaken: »Moment, das ging mir zu schnell. Genau dieser Punkt interessiert mich.« Nutzen Sie offene Fragen (► Kapitel »Fragen«), die bringen Ihnen Zeit, und Ihr Gegenüber kann im besten Fall mögliche Ungereimtheiten selbst erkennen. Oder Sie erkennen, worum es Ihrem Gegenüber eigentlich geht (► Kapitel »Bedürfnisse«, ► Kapitel »Mögliche Ursachen rechten Gedankenguts«).

1.3 Handlungsoptionen klären

Was ist Ihr Ziel?

Ihr Gegenüber überrollt Sie wie eine Dampfwalze, stachelt Sie an mit einer für Sie inhaltlich völlig unmöglichen Äußerung – und schon fangen Sie an zu argumentieren? Haben Sie überlegt, ob Sie das *wirklich* wollen? Nein? Trotzdem tun Sie es? Ein häufiger Fehler. Und wenn Sie eine*n versierte*n Redner*in vor sich haben, aber selbst unvorbereitet/ungeübt sind, können Sie praktisch nur verlieren.

Natürlich ist es auf allen Ebenen der Gesellschaft wichtig, sich inhaltlich mit rechten Äußerungen auseinanderzusetzen. Aber Sie müssen und können nicht allezeit die Welt retten. Vielleicht haben Sie im Moment eigentlich auch einen anderen Auftrag? Klären Sie daher, ob *jetzt* für *Sie* eine *inhaltliche Diskussion* wirklich angebracht ist (► Kapitel »Argumentieren«).

Vielleicht fühlt es sich wie »kneifen« an, aber wenn Sie ahnen, dass Sie sich in einer Situation verheddern werden, kann es sinnvoller sein, diese Situation gar nicht erst zuzulassen: »Tut mir leid, ich habe ganz vergessen, dass ich noch einen wichtigen Telefontermin habe. Ich muss leider in mein Büro.« Oder: »Oh, bitte entschuldige, da hinten steht ein früherer Kollege, den ich die ganze Tagung über noch nicht gesprochen habe.« Oder ehrlich und direkt: »Sorry, darüber habe ich jetzt echt keine Lust zu reden.« Allein Ihre Körpersprache kann das signalisieren: Beschäftigen Sie sich mit anderen Dingen (► Kapitel »Irritationen«); wenn Sie in einer großen Gruppe stehen: Schauen Sie über Ihr Gegenüber hinweg, vergrößern Sie den Abstand, heben Sie abwehrend die Hände.

Vielleicht ist auch eine kurz- oder längerfristige Verschiebung des Gesprächs angebracht (► Kapitel »Zeitgewinn«).

Oder Sie machen ein kurzes, klares Statement, dass Sie anderer Meinung sind, als Zeichen für alle Umstehenden (► Kapitel »Ab- oder Ausgrenzung?«).

Die vier Ebenen

Wahrscheinlich kennen Sie das sehr verbreitete Sender-Empfänger-Modell der vier Ebenen einer Botschaft (Sach-, Selbstoffenbarungs-, Beziehungs-, Appellebene). Nutzen Sie es, indem Sie entschlüsseln, was Ihr Gegenüber vermutlich *eigentlich* will (► Kapitel »Bedürfnisse«, ► Kapitel »Mögliche Ursachen rechten Gedankenguts«). Stecken hinter den rechten Phrasen Ängste oder der Wunsch nach Geltung (Selbstoffenbarungsebene)? Sucht Ihr Gegenüber Anschluss (Beziehungsebene)? Möchte es Sie dazu bringen, seine Ansichten weiter zu verbreiten (Appellebene)?

Beobachten und Bewerten

Wenn wir etwas wahrnehmen, beobachten wir es nicht nur. Je nach kultureller Prägung, individueller Vorerfahrung und Erwartungshaltung interpretieren und bewerten wir das Wahrgenommene, automatisch und meist unbewusst. Die reine Beobachtung (was ist wirklich passiert, was würde jeder Mensch genauso beschreiben?) wird gern übersprungen. Interpretation (was denke ich, was da gerade passiert?) und Bewertung (wie finde ich das?) stehen im Vordergrund und bestimmen unser weiteres Verhalten. Ziel ist nun nicht, dass Sie *nicht* mehr interpretieren und bewerten. Das machen wir sowieso, und manchmal kann unsere Interpretation und Bewertung durchaus zutreffen, aber eben nicht immer (► Kapitel »Stereotype«). Ziel ist, sich diese Schritte bewusst zu machen und die eigene Interpretation und Bewertung von der Beobachtung zu trennen und zu reflektieren.

Wenn Sie Ihrem Gegenüber Ihre Bewertung schildern, kommen Sie selten weiter. Sie: »Sie sind ja total aggressiv.« Gegenüber: »Ich bin überhaupt nicht aggressiv!« Eine Beobachtung kann Ihr Gegenüber eher annehmen: »Ich erlebe, wie Sie mit den Fingern auf der Unterlage trommeln.« Im besten Fall können Sie so zu einer Deeskalation beitragen und den eigentlichen Bedürfnissen Ihres Gegenübers näher kommen (► Kapitel »Bedürfnisse«). Eine Beobachtung zu formulieren ist in komplexen Situationen nicht einfach und verlangt zuerst von Ihnen selbst Übung in differenzierter Wahrnehmung.

Hypothetisieren

So wie Interpretationen und Bewertungen (► Kapitel »Beobachten und Bewerten«) automatisch erfolgen, so stellen wir auch Hypothesen an. (»Hinter den rechten Parolen meines Gegenübers stecken eigentlich Ängste vor der eigenen Arbeitslosigkeit oder Sorgen um eine angemessene Betreuung für die erkrankte Mutter.«) Das Aufstellen von bewussten Hypothesen können wir nutzen. Nicht in dem Sinne, ob unsere Hypothesen sich als richtig oder falsch erweisen. Sondern wir können damit selbst Ordnung in unsere Gedanken bringen, indem wir uns fragen, *warum* wir diese oder jene Hypothese anstellen. Wenn wir unsere Hypothesen aussprechen, kann sie unserem Gegenüber neue Sichtweisen ermöglichen (► Kapitel »Bedürfnisse«). Das kann für eine inhaltliche Diskussion hilfreich sein (► Kapitel »Argumentieren«).

Zuhören

So banal es klingt: Hören Sie wirklich zu, sofern Ihr Ziel ein inhaltliches Gespräch ist. Zeigen Sie ehrliches Interesse, wertschätzen Sie Ihr Gegenüber. Nur dann können Sie herauskriegen, worum es Ihrem Gegenüber eigentlich geht (► Kapitel »Bedürfnisse«). Nur so können Sie dazulernen, wie andere Menschen Sachverhalte sehen. Als Berater*in oder Therapeut*in werden Sie das bestens kennen, doch es kann schwerfallen, wenn die Thesen des Gegenübers Ihren Ansichten völlig widersprechen. Versuchen Sie dennoch, das Thema mit den Augen Ihres Gegenübers zu sehen, machen Sie einen Perspektivenwechsel. Hören Sie *aktiv* zu, indem Sie nachfragen, ob Sie Ihr Gegenüber richtig verstanden haben, und zwar nicht nur rein inhaltlich (Paraphrase), sondern auch emotional, sprich: was das Gesagte für Ihr Gegenüber bedeutet. Geben Sie das Gehörte gegebenenfalls mit Ihren Worten wieder (Spiegeln), ohne die Frames des Gegenübers zu verwenden (► Kapitel »Frames«).

Fordern Sie das Zuhören auch für sich ein, sollten Sie anschließend immer wieder unterbrochen werden: »Entschuldigen Sie, eben habe ich Ihnen zugehört, jetzt wünsche ich mir das von Ihnen.« Sollte das nicht klappen, können Sie das Gespräch immer noch abbrechen mit dem Hinweis, dass zu einem Dialog ein *gegenseitiges* Zuhören gehört.

Sollte Ihr Gegenüber Ihre Aussagen (bewusst) fehldeuten (»Wir können doch nicht ganz Afrika hier aufnehmen«, wenn Sie von humanitärer Hilfe in ausgewählten Krisengebieten sprachen), unterbrechen Sie und stellen freundlich klar, was Sie gesagt haben.

Unterscheiden Sie beim Zuhören zwischen Unterbrechungen, die der Klärung der Inhalte, der Gefühle, der Situation des Gegenübers dienen, und solchen, die nur dazu da sind, den Gesprächsablauf zu stören.

Wertschätzen

Jeder Mensch verdient Respekt. Wenn dies wirklich Ihre Grundhaltung ist, wird Ihr Gegenüber das spüren (das bedeutet freilich nicht, dass Sie seinen Worten oder Taten zustimmen müssen). Sie erreichen Ihr Gegenüber nicht, wenn Sie kritisierend, diagnostizierend, moralisierend, belehrend wirken. Abwehr, und damit ein Hochschaukeln der Situation, ist vorprogrammiert. »Das ist wirklich ein komplexes Thema, da schwirrt mir auch manchmal der Kopf«, ist ein besserer Einstieg als einer nach dem Motto »Ihre Meinung ist ja wohl unter aller Kanone. Wie können Sie so einen Mist erzählen?«, denn er verbindet und signalisiert prinzipielle Wertschätzung für Ihr Gegenüber (► Kapitel »Niemand ist perfekt«).

Beim Beenden einer Kommunikation ist das Wertschätzen ebenfalls wichtig. Ihr Gegenüber sollte ohne Gesichtsverlust aus dem Gespräch gehen können, insbesondere wenn Sie (längerfristig) etwas erreichen wollen. (»Danke für das Gespräch. Vielleicht können wir es irgendwann fortsetzen.« »Ich fand es interessant, Ihre Sichtweise zu hören, wenngleich Sie wohl gemerkt haben, dass ich dazu einen anderen Standpunkt vertrete.«)

Fragen

Sicher wissen Sie: Wer fragt, der führt. Und Sie kennen offene W-Fragen. Nur vor lauter Überrumplung fällt Ihnen das in der konkreten Situation nicht ein.

- Mit einem schlichten »Wieso?«, »Warum?«, »Wie kommen Sie darauf?« oder »Weshalb meinen Sie das?« ist Ihr Gegenüber gefordert, seine möglicherweise unhaltbaren Aussagen zu präzisieren – vielleicht kommt es damit schon ins Straucheln. Sie gewinnen auf jeden Fall Zeit für den nächsten Schritt. Gegebenenfalls haken Sie noch einmal nach: »Das ist mir noch nicht klar.«
- Wenn angebliche Fakten genannt werden, fragen Sie: »Woher haben Sie das?«, »Wo steht das genau?«
- Bei Verallgemeinerungen ist »Wer sind für dich genau *›die‹?*« eine adäquate Frage (► Kapitel »Stereotype«), bei Vereinnahmungs-

versuchen passt »Wen meinst du mit *›wir‹?*« (► Kapitel »Vereinnahmungen«).

- Wenn Sie die etwaige persönliche (Nicht-)Betroffenheit des Gegenübers ansprechen möchten, eignet sich zum Beispiel »Welche Erfahrungen haben Sie selbst gemacht?« oder »Inwiefern betrifft dich das?«.
- Wenn tatsächlich ein Gespräch in Gang kommt bzw. Sie sich sowieso in einer Beratungs- oder Therapiesituation befinden, können Sie weitere Fragetechniken nutzen, zum Beispiel zirkuläres Fragen: »Was glauben Sie, wie sich Kollegin X heute Morgen in der Kaffeerunde gefühlt hat?« (Ihr Gegenüber hat in Gegenwart von X heftige Sprüche über ihre sexuelle Identität gemacht), oder: »Was würde Tante Y sagen, wenn sie dich jetzt hören könnte?« (Tante Y ist mit einem Nigerianer verheiratet).

Zeitgewinn

Sie wollen reagieren, brauchen aber Zeit, um sich eine Strategie zurechtzulegen. Im Moment sind Sie im Nachteil, denn Ihr Gegenüber ist vorbereitet, Sie aber nicht. Eine Verschiebung kann Ihnen ein paar wertvolle Minuten zum Durchatmen oder auch einige Tage zur Vorbereitung bringen.

- Wertschätzen Sie und stellen Sie das Thema hintenan (ein beliebtes Muster von Politiker*innen in Talkshows): »Das ist interessant, was Sie gerade gesagt haben, da geht's ja wirklich um das große Ganze, aber ich würde gern vorher noch kurz mit Ihnen über unseren letzten Klienten sprechen.«
- Lenken Sie mit Handlungen ab und beschäftigen Sie damit auch *aktiv* Ihr Gegenüber: Bekommen Sie zum Beispiel scheinbar einen Hustenanfall, bitten Sie um ein Glas Wasser, einen Hustenbonbon, darum, Ihnen auf den Rücken zu klopfen. Wenn Sie auf dem Stationsflur stehen, lassen Sie Ihre Unterlagen fallen – »Oh, so was Blödes! Können Sie mir bitte eben helfen?« Während Sie dann gemeinsam aufsammeln: »Ach, wo ich gerade diesen Bericht hier in den Händen habe: Haben Sie eigentlich schon von den Kollegen aus der Abteilung X eine Rückmeldung dazu erhalten?« Bei einem Netzwerktreffen: »Nein, das ist ja prima! Da hinten steht Frau X von der Einrichtung Y. Ich wusste gar nicht, dass sie

kommt. Lass uns eben rübergehen und sie fragen, wie weit die schon mit dem Projekt sind.« Vielleicht vergisst Ihr Gegenüber für den Moment sein Thema sogar.

- Entziehen Sie sich kurz der Situation: »Interessant, was Sie da sagen, aber bevor Sie weitersprechen: Ich wollte mir gerade noch was zu trinken holen. Darf ich Ihnen was mitbringen?« Oder: »Oh, mein Handy vibriert gerade. Das ist eine wichtige Klientin. Da muss ich dringend rangehen. Sorry. Bin gleich wieder da« (Anruf simulieren und Raum verlassen).
- Fragen Sie konkret nach Zahlen, Daten, Fakten. Oder auf eine abstruse Behauptung: »Wieso?« (▶ Kapitel »Fragen«). Dann ist Ihr Gegenüber im Zugzwang, alles noch mal zu erklären, Sie hören nur halb zu und legen sich währenddessen eine Antwort zurecht.
- Verschieben Sie das Thema längerfristig: »Darüber würde ich gern ein nächstes Mal mit Ihnen sprechen, denn unsere Sitzung ist gleich vorbei, und wir haben noch einen Punkt, den wir heute klären wollten.« Oder: »Du, das ist ja ein Riesenthema. Da scheinst du dich ja sehr mit beschäftigt zu haben. Ich glaube, da sollten wir besser wann anders drüber reden, dass ich dir auch richtig zuhören kann. Was hältst du von nächstem Dienstag nach der Dienstbesprechung?«

Ab- oder Ausgrenzung?

Diese Frage stellt sich zunächst auf parteipolitischer Ebene und in den Medien. Soll oder kann man mit einer rechtspopulistischen bis rechtsextremen Partei koalieren oder in einem Fachausschuss zusammenarbeiten? Darf oder muss man deren Vertreter*innen in eine Talkshow einladen? Die Meinungen und Antworten sind kontrovers, sie reichen von Hinweisen auf Demokratie (soweit es sich um demokratisch legitimierte Parteien handelt), Meinungsfreiheit und neutrale Berichterstattung bis zur Ansicht, man dürfe rechtem Gedankengut keinerlei Plattform geben. Ansonsten würde eine schleichende Unterwanderung gefördert, Rechte würden über Elternbeiräte, Sportvereine, Arbeitskreise usw. in die Mitte der Gesellschaft »einsickern« und das Kooperieren mit Ihnen zu einer Normalität machen, die zu einem späteren Zeitpunkt dann oft unumkehrbar sei.

Hierbei handelt es sich um Fragen der potenziellen *Aus*grenzung von *Gruppierungen* und/oder *Personen*. Eine Ausgrenzung auf betrieblicher Ebene, zum Beispiel die einer Kollegin bzw. eines Kollegen, lässt eine weitere Zusammenarbeit nicht mehr zu und kann bis zur Kündigung führen (► Kapitel »Rückendeckung«).

Eine *Ab*grenzung hingegen bedeutet eine Auseinandersetzung mit den *Inhalten*, eine Kritik derselben, eine Verdeutlichung des eigenen Standpunktes. In diesem Fall sagen Sie »Stopp!« und setzen ein kurzes klares Statement, für sich und für Mithörende: »Tut mir leid, da sind Sie gerade an den Falschen geraten. Ich arbeite ehrenamtlich in der Christlich-Jüdischen Gesellschaft. Und ich möchte mir Ihre unsachlichen Äußerungen jetzt auch nicht weiter anhören.« Oder: »Dazu habe ich ganz andere Ansichten. Aber wir müssen ja nicht immer übereinstimmen. Lass uns jetzt weiter unser Projekt besprechen.« Zeigen Sie, wo die Grenze ist: »Sie wissen, dass dies nicht der Haltung/dem Leitbild unserer Einrichtung entspricht. Ich möchte Sie bitten, solche Aussagen zukünftig zu unterlassen. Ansonsten muss ich unsere Zusammenarbeit beenden.«

Falls Sie im Internet mit intolerablen rechten Forenbeiträgen oder Postings konfrontiert werden, können Sie es auch wie eine Aktive auf Twitter machen, die es gar nicht mehr schafft, allen Parolen inhaltlich fundiert zu widersprechen (das braucht nämlich sehr viel Zeit): Sie schreiben einfach »Nein!«. Immer wieder einfach nur »Nein!«.

Kurzum: Ersparen Sie sich (längere) Gespräche und Situationen, die sowieso ausweglos sind. Mit einem Gegenüber, das an einem Diskurs nicht interessiert ist (► Kapitel »Wer ist Ihr Gegenüber?«), das sich nicht an Kommunikationsregeln hält (► Kapitel »Basic und High Talk«, ► Kapitel »Parolenhopping«), können Sie schwerlich Gespräche führen. Beschränken Sie sich auf ein Statement.

Bei engeren Beziehungen stellt sich schließlich die Frage, ob ein Kontaktabbruch, eine *Aus*grenzung, sinnvoll ist. Es besteht die Gefahr, dass das Gegenüber sich dann in seinen Meinungen bestätigt fühlt und noch mehr in extreme Positionen und Handlungen abdriftet. Daher ist zu überlegen, inwieweit eine Bindung zu nahestehenden Personen mit rechtem Gedankengut aufrechterhalten werden sollte. Verurteilen Sie rechtsextreme Statements deutlich, aber trennen Sie diese von der Person.

Neutralität?

Lehrkräfte in der politischen Bildung kennen den Beutelsbacher Konsens. Er besagt, dass Schüler*innen von Lehrkräften nicht indoktriniert werden dürfen (Überwältigungsverbot), sondern Themen aus unterschiedlichen Blickwinkeln zu diskutieren sind (Kontroversitätsgebot), mit dem Ziel, dass die Schüler*innen sich eine eigene Meinung bilden können.

Auch wenn Sie nicht explizit Politik unterrichten oder in der politischen Bildung arbeiten, aber Gruppen leiten oder Führungskraft sind, kann es hilfreich sein, diese Aspekte zu überdenken. Vielfach werden die Vorgaben nämlich missverstanden und als Neutralitätsgebot in dem Sinne gedeutet, dass man alles zulassen müsse, keine Stellung beziehen dürfe. Das ist nicht gemeint und problematisch, wenn Positionen geäußert werden, die außerhalb der Demokratie, des Grundgesetzes stehen (► Kapitel »Grundwerte und Political Correctness«, ► Kapitel »Meinungsfreiheit«). Daher stellt sich hinsichtlich rechter Äußerungen im Unterricht die Frage, inwieweit man ihnen Raum lässt (und sie damit normalisiert) oder sie unterbindet (und damit eine Opferinszenierung stärkt) (► Kapitel »Ab- oder Ausgrenzung?«, ► Kapitel »Opfer–Täter*innen–Dritte«).

Status

Unter »Status« wird verstanden, wie wir auf andere wirken und wahrgenommen werden (wollen). Dies ist körperlich ablesbar: ausladende Bewegungen, raumgreifendes Verhalten, gehaltener Blick (Hochstatus) vs. hochgezogene Schultern, gebeugte Haltung, gesenkter Blick (Tiefstatus). Auch die Stimmlautstärke gibt Hinweise: Rücksichtnahme durch leise Gespräche (tief) vs. lautstarkes Handygespräch (hoch). All das geschieht oft unbewusst.

Ein *wirkliches* Gespräch auf Augenhöhe, eine symmetrische Kommunikation mit einem gleichberechtigten Austausch von Argumenten und gegenseitigem Zuhören kann nur erfolgen, wenn die sogenannte Statuswippe ausgeglichen ist. Oder anders ausgedrückt, wenn Sie von Erwachsenen-Ich zu Erwachsenen-Ich kommunizieren (und nicht vom Eltern-Ich zum Kind-Ich). Daher ist es wichtig, den eigenen Status in einem Gespräch zu reflektieren, die Schieflage der Wippe gegebenenfalls auszugleichen oder aus taktischen Gründen eine solche herzustellen.

Menschen, die sich ständig im Hochstatus befinden, ecken schnell an. Menschen, die bei kleinsten Missstimmungen sofort in den Tiefstatus gehen, weil sie Konflikte vermeiden wollen, können gerade dadurch zu einem Konflikt beitragen. Denn Menschen, die provozieren *wollen,* suchen Menschen, die sie provozieren *können* (also solche mit einem niedrigeren Status), wohingegen sie Menschen mit gleichem oder höherem Status meiden. Das heißt, wenn Sie ein souveränes Auftreten haben und freundlich, aber deutlich signalisieren, was Sie von rechten Thesen halten, werden Sie seltener in nicht enden wollende Gespräche verwickelt als Menschen, die aufgrund ihrer Nachgiebigkeit rasch als »leichtes Opfer« ausgemacht werden.

Ergibt sich trotz (oder auch wegen) eines gleichen sehr hohen Status ein Konflikt, kann es sinnvoll sein, die Diskussion sachlich abzubrechen: »Wissen Sie was? Ich glaube, in diesem Punkt sind wir einfach zu verschieden. Sie haben Ihre Meinung, ich habe meine.«

In hierarchischen Settings, insbesondere bei kulturell erlernter großer Machtdistanz, ergibt sich automatisch eine unausgewogene Statuswippe bzw. asymmetrische Kommunikation. Dies muss nicht per se ein Problem sein, wenn beide ihre unterschiedlichen Status-Positionen kennen und anerkennen und die höher stehende Person die Machtasymmetrie nicht missbraucht. Ein gleichberechtigtes Gespräch auf Augenhöhe kann sich allerdings nicht ergeben.

Persönliche Bezüge

Generell kann es sinnvoll sein, über persönliche Erlebnisse und Erfahrungen zu sprechen. Ihr Gegenüber hetzt über Neuankömmlinge? Erzählen Sie nicht nur von positiven Erlebnissen, die Sie mit Neuankömmlingen hatten, sondern schildern Sie in Ich-Botschaften *Ihre persönlichen Bezüge:* wie es für Sie war, vor ein paar Jahren in diese Stadt zu ziehen, wie der Einstieg in den neuen Job war, dass Ihnen vieles fremd war, die anderen Sie aber wahrscheinlich auch für merkwürdig hielten, was und wer Ihnen geholfen hat, wie es war, sich allmählich gegenseitig kennenzulernen, beiderseitige Vorurteile abzubauen. Oder zitieren Sie Ihre Oma, die Ihnen einen Leitspruch zum Umgang mit Fremden mit auf den Weg geben hat, der

Ihnen schon oft geholfen hat (wer ihn letztlich wirklich gesagt hat, ist nicht relevant).

Bitten

Sagen Sie Ihrem Gegenüber, was Sie von ihm wünschen. Die einfache Variante: »Ich bitte Sie, solche Äußerungen zu unterlassen.« Damit sagen Sie aber nur, was Sie *nicht* möchten, nicht, *was* Sie möchten. Geschickter daher: »Ich bitte Sie, mich mit meinem Namen anzusprechen«, wenn Sie (wiederholt) nur mit »unser Insulaner«, »die Zigeunerin« oder »Schlitzi« angesprochen werden. Um eine solche Bitte formulieren zu können, müssen Sie sich zunächst Ihrer eigenen Bedürfnisse bewusst sein. In komplexen Situationen ist das nicht einfach. Aber Ihr Gegenüber kann Ihre Wünsche eher erfüllen, wenn es wirklich weiß, was es tun soll (vorausgesetzt, es ist erreichbar; ► Kapitel »Wer ist Ihr Gegenüber?«).

Kleine Tricks

Vermutlich kennen Sie bereits kleine Tricks, die Ihnen aber nicht einfallen, wenn sie zu perplex sind. Üben Sie sie, damit Sie darauf zurückgreifen können.

- Atmen Sie tief durch, vor allen Dingen aus. Denken Sie die Silbe »Om«.
- Achten Sie auf Ihre Körperhaltung. Stehen Sie fest und aufrecht auf beiden Beinen, dann ist auch Ihre Stimme fest. Sitzen Sie mit aufrechtem Körper, dann ist auch Ihre Stimme aufrecht. Oder signalisieren Sie betonte Gelassenheit und Souveränität, indem Sie sich zurücklehnen und die Beine von sich strecken (► Kapitel »Status«).
- Kontrollieren Sie Ihre Gesichtszüge. Schauen Sie Ihr Gegenüber an – fest, freundlich, bestimmt, selbst wenn es Ihnen schwerfällt.
- Sprechen Sie ruhig, klar, gegebenenfalls eher leiser und langsamer als Ihr Gegenüber.
- Nutzen Sie eine Geste, eine Mudra, die Ihnen vielleicht sowieso schon hilft, wenn Sie innerlich explodieren oder stark verunsichert sind. Oder Sie haben ein anderes Beruhigungsritual, vollführen eine bestimmte Bewegung, kneifen sich an eine bestimmte Stelle, nehmen einen immer zur Verfügung stehen-

den Gegenstand wie Ihren Schlüsselbund in die Hand. Wenn Sie diese sogenannten Anker mit positiven Gefühlen besetzt und eingeübt haben, kann Sie das stärken.
- Nutzen Sie Ihre Fantasie und stellen sich Ihr Gegenüber in Unterwäsche vor oder wünschen Sie sich gedanklich auf eine bunte Blumenwiese, wenn es Ihnen hilft, sich zu entspannen.
- Was auch immer Sie sagen, versuchen Sie, sachlich zu bleiben. Begeben Sie sich nicht auf das Niveau Ihres Gegenübers, wenn dieses in einen Bereich gesunken ist, in dem Sie sich nicht bewegen möchten. Vermeiden Sie Belehrungen. Bleiben Sie auf Augenhöhe. Bleiben Sie höflich. Bleiben Sie beim »Sie«, auch wenn Ihr Gegenüber begonnen hat, Sie zu duzen. Verhindern Sie einen Gesichtsverlust ihres Gegenübers, insbesondere wenn Dritte dabei sind (► Kapitel »Wertschätzen«). Vermeiden Sie Schieflagen (► Kapitel »Status«). Wichtig: Dies sind Grundregeln, von denen Sie aber situativ abweichen können (► Kapitel »Irritationen«).
- Erwarten Sie nicht zu viel von sich. So wie rechte Demagog*innen ja nicht durch eine einzige Äußerung, sondern durch ständige Wiederholung überzeugen wollen, so müssen auch Sie darauf setzen, dass es mehrerer Anläufe bedarf, um jemanden zu erreichen. Aber jedes Bausteinchen zählt, und auch Ihr Gespräch, insbesondere wenn es ruhig verläuft, wird eine (emotionale und/oder inhaltliche) Nachwirkung haben.

Irritationen

Wenn Sie kein Interesse an den Parolen Ihres Gegenübers haben, es das Setting zulässt und es sich für Sie passend anfühlt, können Sie auch etwas tun, womit Ihr Gegenüber vermutlich nicht rechnet, was von seinem (un-)bewussten Skript abweicht, in dem wahrscheinlich von unbeholfener, vorwurfsvoller, inhaltlicher Gegenwehr ausgegangen wird. Probieren Sie etwas ganz anderes, irritieren Sie, nutzen Sie Humor und paradoxe Interventionen:
- Fangen Sie an zu lächeln und ganz leicht, verständnisvoll-mitleidig, mit dem Kopf zu nicken.
- Täuschen Sie einen richtigen Lachkrampf vor.
- Fangen Sie an, in Ihrer Handtasche oder Ihrer Schreibtischschublade zu kramen, und zwar sehr intensiv.

- Fragen Sie nach der Uhrzeit. Murmeln Sie etwas über Ihre stehen gebliebene Armbanduhr und stellen Sie sie in aller Ruhe oder bemängeln Sie die defekte Zeitanzeige Ihres Smartphones und tippen Sie darauf herum.
- Gähnen Sie, wiederholt, immer mehr.
- Stehen Sie auf und kochen Sie mit großer Hingabe einen Kaffee für Sie beide.
- Beginnen Sie sehr konzentriert, sich einen (imaginären) Fleck aus dem Hemd zu rubbeln.
- Schweigen Sie betont und fixieren Sie Ihr Gegenüber dabei mit starrem, festem Blick.
- Nehmen Sie Ihre Unterlagen zur Hand, blättern Sie darin scheinbar gedankenversunken. Schauen Sie nach einer Weile (während Ihr Gegenüber weiter lamentiert) halbherzig auf und fragen Sie: »Wo waren wir doch gleich?«, »Haben Sie gerade was gesagt?«, »Sind Sie fertig?«
- Fangen Sie an, den Tisch zu verschieben, sagen Sie, so würde er für die heutige Sitzung besser stehen, bitten Sie Ihr Gegenüber, mit anzupacken, verändern Sie auch noch die Position der Stehlampe (»Das wollte ich immer schon mal tun«), seien Sie zufrieden mit Ihrem Werk, fragen Sie, wie Ihr Gegenüber es findet.
- Fragen Sie: »Und sonst geht es Ihnen gut/haben Sie keine Probleme?«, »Schwätzen Sie noch oder denken Sie schon?«, »Können Sie das auch rückwärts?«
- Sagen Sie, dass Sie es fantastisch fänden, welch satirisches Talent Ihr Gegenüber habe. Ihnen gefalle diese Nummer richtig gut. Ob es schon daran gedacht habe, damit mal auf die Bühne zu gehen. Sie könnten stundenlang zuhören, aber nun müssten Sie ja beide noch einiges abarbeiten. Wenn Ihr Gegenüber darauf besteht, dass es ernst sei, bleiben Sie dabei, dass Sie das für eine richtig gute Kabarett-Nummer halten.

All das signalisiert Ihrem Gegenüber – ohne dass Sie ein Wort inhaltlich dazu gesagt hätten –, dass Sie kein Interesse an einer Unterhaltung zu dem Thema haben. Es ist unklar, ob Ihr Gegenüber nun Abstand nimmt oder sich lächerlich gemacht fühlt und wütend wird. Überlegen Sie daher einen gesichtswahrenden Übergang. Wichtig: Wählen

Sie solche Varianten nur, wenn Sie sich *in der jeweiligen Situation für Sie stimmig anfühlen* und Sie generell schnell kreativ reagieren können.

Faktencheck

Sie finden in diesem Buch keine Faktenchecks. Natürlich hilft ein Faktencheck, wenn Sie Parolen Ihres Gegenübers inhaltlich widerlegen wollen (▸ Kapitel »Argumentieren«). Ist die Anzahl von Straftaten durch Ausländer*innen tatsächlich gestiegen? Nein. Sind die meisten Migrant*innen tatsächlich in erster Linie von ihrer Religion geprägt? Nein. Leben Zugewanderte tatsächlich auf Kosten des Sozialstaates? Nein. Diese Liste ließe sich fortsetzen, aber sie ist umfangreich und muss ständig aktualisiert werden. Das ist nicht Ziel dieses Buches (Sie finden zu den drei oben genannten Parolen im Anhang Hinweise sowie Literaturempfehlungen und Internetlinks für weitere Faktenchecks).

Argumentieren

»Nicht Sieg sollte der Zweck der Diskussion sein, sondern Gewinn.«
Joseph Joubert (französischer Moralist, 1754–1824)

Wenn das Setting stimmt, Sie sich vorbereitet fühlen, können Sie mit Populist*innen, die eher im äußeren Ring des Kreises stehen (▸ Kreismodell, ▸ Kapitel »Wer ist Ihr Gegenüber?«), inhaltlich argumentieren. Themen, die diese umtreiben (»überfüllte Schulklassen«, »wenig Jugendangebote im ländlichen Raum«), haben ihre Berechtigung, nicht aber deren angestrebte Lösungen (»Ausländer raus«). Trennen Sie dies. Klären Sie Ihre eigenen Gedanken (▸ Kapitel »Beobachten und Bewerten«, ▸ Kapitel »Hypothetisieren«), wertschätzen Sie Ihr Gegenüber (▸ Kapitel »Wertschätzen«), zeigen Sie Empathie für die Themen und Bedürfnisse (▸ Kapitel »Bedürfnisse«), bleiben Sie deutlich in der Sache. Suchen Sie Gemeinsamkeiten. Paraphrasieren Sie, damit keine Missverständnisse aufkommen: »Habe ich Sie richtig verstanden, dass …?«

Stellen Sie Ihrer Argumentation eine nette Kernaussage voran: »Jedes Kind hat ein Recht auf Bildung. Das gilt auch für geflüchtete.« Oder: »Das friedvolle Zusammenleben aller Menschen ist für mich das Wichtigste.« Wiederholen Sie diese immer wieder, insbesondere, wenn Ihr Gegenüber versucht, Ihnen das Wort im Munde umzudrehen. Diese Kernaussage bleibt hängen, und Sie lenken das Gespräch immer wieder auf *Ihren* zentralen Punkt.

Bringen Sie nicht zu viele Argumente, das überfordert und schafft eher Widerstand (»Backfire-Effekt«). Nehmen Sie zunächst das zweitbeste, dann das schwächste – denn der Mittelteil wird schnell vergessen – und zum Schluss das wichtigste Argument (denken Sie an ein Konzert: Wenn Sie nach Hause gehen, haben Sie das Finale und die Zugaben im Ohr, an den Beginn erinnern Sie sich auch noch, über den Mittelteil müssen Sie etwas nachdenken).

Rechnen Sie damit, dass Ihr Gegenüber Ihre Argumente ignoriert, umdreht oder für sich zurechtstutzt, denn seine Überzeugungen, Ihre Informationen und die entstehenden Gefühle der Verunsicherung sind für ihn nicht miteinander vereinbar (Zustand der kognitiven Dissonanz).

Bereiten Sie einen Schlusssatz vor, den Sie auch anwenden können, wenn das Gespräch abdriftet: »Dass es überall engagierte und weniger engagierte Eltern gibt, hatten wir ja schon festgestellt.« Sagen Sie, dass es für Sie okay sei, wenn Sie in manchen Punkten nicht übereinstimmten.

Wenn Sie es mit verfestigten (das heißt *glaubenden* und nicht rational *nachdenkenden*) Menschen weiter innen im Kreismodell aufnehmen wollen, wird ein solches Argumentieren kaum funktionieren. Sie können es mit sogenanntem »subversivem Denken« probieren. Dabei stellen Sie Fragen, die die Probleme, Seltsamkeiten und Abstrusitäten rechten Denkens aufzeigen sollen (beispielsweise: »Wie stellen Sie sich die Zukunft des Pflegebereichs vor, wenn alle Zugewanderten tatsächlich das Land verließen?«). Subversives Argumentieren soll nicht überzeugen, dass der Glaube des Gegenübers falsch ist (das würde ohnehin nicht funktionieren), sondern vor Augen führen, an was das Gegenüber *eigentlich* glaubt. Natürlich ist mit Abwehr zu rechnen, aber vielleicht haben Sie doch ein bisschen zum Nachdenken angeregt.

Bedanken Sie sich am Ende für das Gespräch. Ihre Grundhaltung, dass es – wie im Motto von Joseph Joubert ausgedrückt – nicht um Sieger und Besiegte geht, sollte spürbar sein.

Rückendeckung

Innerhalb aller Betriebe, aber beispielsweise auch beim Einlass in einen Club gilt das Allgemeine Gleichbehandlungsgesetz (AGG), das zentrale Diversitätsaspekte beinhaltet (Alter, Geschlecht, sexuelle Identität, Religion oder Weltanschauung, Rasse oder ethnische Herkunft, Behinderung) und Benachteiligungen verhindern bzw. beseitigen soll. Es gibt auf vielen Ebenen und in vielen Bereichen Antidiskriminierungsstellen, die nach dem AGG arbeiten. Jede*r kann sich anonym und kostenfrei an diese Stellen wenden.

Machen Sie sich darüber hinaus mit Leitbildern, Betriebsvereinbarungen, Hausregeln, der Netiquette der betriebseigenen Facebook-Seite, Diversity-Grundsätzen oder der möglicherweise unterzeichneten »Charta der Vielfalt« vertraut, die in Ihrer Einrichtung gelten (diese müssen natürlich auch kommuniziert und von allen gelebt werden). Sie können Kolleg*innen oder Klient*innen ebenfalls darauf hinweisen. Größere Betriebe haben zudem Betriebsräte, Gleichstellungsbeauftragte usw., die Ihnen gegebenenfalls helfen.

Ideal sind sensibilisierte Vorgesetzte, an die Sie sich wenden können. Ist aber ausgerechnet Ihre Leitungskraft die Person, die sich rechts und diskriminierend äußert, suchen Sie eine der oben genannten Stellen auf. Regen Sie an, dass das Thema für Führungskräfte als verbindlich auf die Agenda gesetzt wird.

Wenn Sie Veranstaltungen durchführen, klären Sie mit Kolleg*innen bzw. Ihrer Leitung, wen Sie zur Verstärkung einplanen können. Schreiben Sie auf Einladungen und Tagungsprogramme entsprechende Hinweise: »*Die Veranstalter*innen behalten sich vor, von ihrem Hausrecht Gebrauch zu machen und Personen, die rechtsextremen Parteien oder Organisationen angehören, der rechtsextremen Szene zuzuordnen oder bereits in der Vergangenheit durch rassistische, nationalistische, antisemitische oder sonstige menschenverachtende Äußerungen in Erscheinung getreten sind, den Zutritt zur Veranstaltung zu verwehren oder sie von dieser auszuschließen.*« Wiederholen Sie diese Information noch einmal mündlich zu Beginn Ihrer Veranstaltung.

Blackout

Ihnen schwirrt längst der Kopf, die Vorstellung, im Bedarfsfall auch nur einen Teil des Gelesenen abrufen zu können, überfordert Sie schon gedanklich, Sie haben bereits den einen oder anderen Blackout erlebt, aber möchten für alle Eventualitäten gewappnet sein und eben *nicht schweigen* – dann prägen Sie sich Sätze ein, die sagen, dass Sie nichts sagen. Klingt banal, aber wenn Sie es ruhig und souverän vortragen, dabei auf Körpersprache und Stimme achten (► Kapitel »Status«, ► Kapitel »Kleine Tricks«), kann das mehr Wirkung haben, als Sie vermuten: »Du rechnest doch wohl nicht damit, dass ich da irgendwie drauf eingehe?« Oder: »Ich werde Ihre Anmerkung einfach mal überhören.«

1.4 Beteiligte identifizieren

Wer ist Ihr Gegenüber?

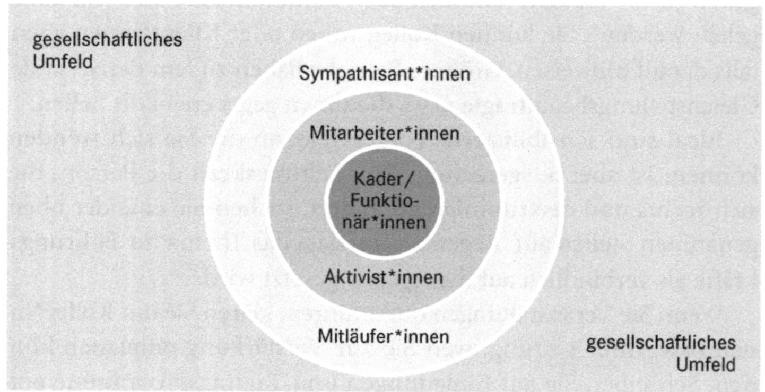

Abbildung 2: Das Kreismodell der Beteiligten

Wenn sich erfahrene, vorbereitete Journalist*innen und Politiker*innen an manchen Personen die Zähne ausbeißen – warum sollte Ihnen das, noch dazu in einer meist unvorbereiteten Situation, anders gehen? Inhaltliche Diskussionen sind umso zweckloser, je weiter sich Ihr Gegenüber im Innenkreis befindet (siehe Abbildung 2). Mit Menschen, die ein geschlossenes Weltbild haben, die eine offen rechtsextreme bis nationalsozialistische Ideologie vertreten und verbreiten, die aktive, hochrangige Mitglieder in entsprechenden Gruppierungen oder Parteien sind, können Sie schwerlich auf demokratischer Grundlage argumentieren. Ideologien lassen sich nicht mit Argumenten widerlegen, ihre Anhänger*innen haben ja keine Argumente, nur Behauptungen. Wenn Sie sich mit Fanatiker*innen auf ein »Gespräch« einlassen, geben Sie ihnen meist nur eine Plattform, insbesondere wenn Dritte dabei sind. Aber das heißt nicht, dass Sie gar nichts tun können (► Kapitel »Ab- oder Ausgrenzung?«). Ansonsten sind jedoch andere Stellen gefragt, die Gefahr, die von diesen Menschen ausgeht, einzudämmen.

Befindet sich Ihr Gegenüber indes weiter außen, können Sie es eher inhaltlich erreichen. Diese Personen sind häufig in ihrem Selbstbild verunsichert und von Menschen beeindruckt, die klar und entschieden auftreten. Und genau das tun Vertreter*innen rechter Ideologien, sie bieten einfache Lösungen für komplexe (tatsächlich oder herbeigeredete) Probleme. Treten auch Sie klar und entschieden auf, fragen Sie nach Bedürfnissen und haben Sie Argumente in der Hinterhand.

Denken Sie im Kontakt mit Ihrem Gegenüber daran, dass Umstehende (auch) zu dieser unentschlossenen Gruppe gehören können. Sie erreichen diese *indirekt* durch Ihre Positionierung, durch Ihre Argumente, durch Ihr Verhalten – selbst wenn Sie gar nicht *direkt* mit ihnen sprechen.

Die Frage »Wer ist Ihr Gegenüber?« kann man auch umdrehen. Stammtischparolen (es geht jetzt nicht um alltägliche direkte Diskriminierungs- und Gewalterfahrungen) hören Sie oft dort, wo »die« anderen, über die gehetzt wird, gar nicht anwesend sind. Schauen Sie sich einmal bewusst um, wer in solchen Fällen eigentlich da ist. Das Ziel ist ja eben *nicht,* mit »den« anderen ins Gespräch zu kommen, Vorurteile abzubauen, sich gegenseitig kennenzulernen usw., sondern potenzielle Mitstreiter*innen *gegen* »die« anderen zu finden. Sind hingegen auch Vertreter*innen der anderen Gruppe anwesend, halten sich Parolenredner*innen oft zurück, können durchaus freundlich wirken oder sagen, dass es ja gar nicht um Anwesende gehe, die seien ja okay. Das soll ein Kompliment sein. Tatsächlich ist es eine Anmaßung, darüber zu urteilen, wer als Ausnahme zu den »Guten« gehört und wer nicht.

Wer selbst bekannt ist für eine entschiedene demokratische Haltung und diese auch deutlich in der Öffentlichkeit oder im Bekanntenkreis vertritt, steht mit seiner/ihrer Überzeugung ebenso in einer Kreismitte. Ein solcher Mensch wird meist weniger mit Stammtischparolen konfrontiert, da es zu offensichtlich ist, dass man ihn/sie nicht »umpolen« kann. Stattdessen werden diese Menschen häufig Opfer anonymer Shitstorms oder anderer Formen der Gewalt.

Typenkunde

Von zahlreichen Einteilungsmustern der Menschen nach Persönlichkeitsmerkmalen ist vielleicht die folgende am hilfreichsten, um im Umgang mit rechten Parolen erkennen zu können, mit wem man es zu tun hat, bzw. je nach Situation geeignete Mitstreiter*innen auszumachen:

Alpha-Typen sind jene, die gleich das Heft in die Hand nehmen, schnell Zivilcourage zeigen, aber dafür auch schon mal im Krankenhaus landen. *Beta-Typen* sind da schon ruhiger. *Gamma-Typen* sind eher still und zurückhaltend, können zwar durchaus Ihrer Meinung sein, werden Sie aber von sich aus kein bisschen unterstützen. Sie brauchen eine gezielte Aufforderung. *Omega-Typen* beobachten zunächst einmal die Situation, sagen in der Regel lange nichts, sondern warten auf den passenden Zeitpunkt und können dann durchaus dominant sein.

Wir verhalten uns nicht immer nach einem festen Muster, situativ kann dies schwanken.

Opfer-Täter*innen-Dritte

Oft erhalten Täter*innen und die Umstände, die zu ihrer Tat geführt haben, mehr Aufmerksamkeit als deren Opfer. Insbesondere wenn das Opfer einer rechten Schmähung persönlich anwesend ist (oder jemand, der zur entsprechenden Gruppe gehört), sollten Sie daher in Betracht ziehen, zunächst oder ausschließlich dieses zu stärken. Wenn ein Opfer in die Rolle gedrängt wird, sich als »Token« stellvertretend für eine ganze Gruppe rechtfertigen zu müssen (► Kapitel »Stereotype«) und damit überfordert wirkt, können Sie unterstützend eingreifen. Wenn das Opfer nicht ausreichend Deutsch spricht, sind Gesten und Blicke des Zusammenhalts besonders wichtig.

Wenn zum Beispiel Kollege X im Aufenthaltsraum während der Mittagspause über schwarze Menschen, ihre angebliche Kriminalität und geringere Intelligenz herzieht und Ihre schwarze Kollegin Y mit am Tisch sitzt, können Sie X natürlich unterbrechen und sagen: »Entschuldigung, ist dir eigentlich klar, was du da gerade gesagt hast?« Sie können aber auch aufstehen, den Platz neben Y einnehmen (oder einen Stuhl dahin rücken), X demonstrativ den Rücken zudrehen und Y deutlich vernehmbar darum bitten, Ihnen in einer fachlichen Sache Rat zu geben (idealerweise bei einem Thema, von dem Sie genau wissen, dass sie es aus dem Effeff beherrscht). Natürlich ist die Sache damit noch nicht erledigt. Später können Sie immer noch das Gespräch mit X suchen. Falls der weitermacht, können Sie sagen: »Entschuldige, kannst du jetzt bitte einfach mal aufhören mit dem Schwachsinn? Danke.« Und sich dann gleich wieder der Kollegin zuwenden und wie selbstverständlich fortfahren: »Tut mir leid, wo waren wir gerade?« So zeigen Sie in der *augenblicklichen* Situation allen Beteiligten, vor allem dem Opfer selbst, dass es nicht allein ist, und verhindern, dass es diese unsägliche Situation (noch länger) aushalten muss.

Wenn allerdings nur noch *über* das Opfer geredet wird (Sie zu X: »Ist dir gar nicht klar, dass Y hier im Raum sitzt? Außerdem stimmt das doch gar nicht!« X zu Ihnen: »Ich kann sagen, was ich will. Steht schließlich in jeder Kriminalstatistik!«), dann kann es sich entmündigt vorkommen und in die Rolle eines hilflosen Kindes gedrängt fühlen (Kind-Ich). Ziehen Sie daher auch in Betracht, dass jemand Ihre Hilfe womöglich gar nicht braucht oder möchte, sondern sich selbst verteidigen kann und will. Sie könnten zum Beispiel zu Y anschließend sagen, dass Sie das Gerede von X unmöglich fanden, dass Sie gern wissen möchten, ob Ihr Handeln okay und hilfreich war, dass Sie sich gern verständigen würden, wie Sie gegebenenfalls in Zukunft vorgehen sollen. Wenn Sie sich gut kennen, reicht später ein kurzer Blick der Verständigung, ob Sie oder die geschmähte Person selbst etwas sagt bzw. tut

Das sogenannte Täter*innen–Opfer–Retter*innen-Dreieck (auch Dramadreieck mit Verfolger*innen–Retter*innen–Opfer) kann helfen zu reflektieren, warum wir in einer bestimmten Situation in welcher Rolle sind. Sobald jemand aus seiner Rolle aussteigt, verändert sich das System. Für Opfer (im obigen Beispiel Y) heißt dies, nicht in ihrer passiven Rolle zu verharren, sondern durch eigene Aktivität ihre Stärke und Selbstbestimmung zurückzugewinnen. Retter*innen (Sie) können lernen, dass sie nicht immer sofort Initiative für ein vermeintlich hilfloses Opfer ergreifen müssen (wichtig für Menschen mit sogenanntem Helfersyndrom) und dass auch Täter*innen (X) nicht ausschließlich negative Motive haben müssen (► Kapitel »Bedürfnisse«). Täter*innen könnten lernen, sich mit ihren Bedürfnissen und Ängsten auseinanderzusetzen und die Welt aus der Perspektive anderer zu sehen.

Den Begriff bzw. das Konzept des »Opfers« kann Ihr Gegenüber allerdings auch anders nutzen und sich selbst als ein solches inszenieren: »Nur weil ich den Mut habe, die Wahrheit zu sagen, werde ich jetzt an den Pranger gestellt.« Oder: »Wenn ich hier gar nichts mehr sagen darf, ist die Meinungsfreiheit am Ende« (Täter*innen-Opfer-Umkehr). Das ist natürlich rein provokant gemeint, ein beliebtes rechtes Muster und soll mögliche inhaltliche Kritik am zuvor Gesagten verhindern. Da hilft es nur, sachlich zu blieben (► Kapitel »Meinungsfreiheit«).

Die Menge macht's

»Wir sind nicht nur verantwortlich, für das, was wir tun, sondern auch für das, was wir nicht tun.«
Molière (französischer Schauspieler und Autor, 1622–1673)

Sie befinden sich in einer großen Menschenmenge? Dann sind ja auch viele da, die eingreifen und helfen werden – so weit ein gängiger Trugschluss. Aus der Gewaltforschung ist bekannt, dass, je mehr Umstehende es gibt, umso weniger eingegriffen wird (Non-helping-bystander-Effekt). Gründe dafür gibt es viele:

- »Warum sollte gerade ich helfen, es sind doch noch genug andere da …?«
- »Wenn ich jetzt eingreife und was falsch mache … Andere können das bestimmt besser!«
- »Es greift niemand ein, obwohl so viele da sind? Die Mehrheit muss recht haben. Es wäre demnach wohl sogar falsch einzugreifen …«
- »Wenn hier niemand eingreift – vielleicht ist die scheinbar attackierende Person sogar im Recht. Vielleicht ist es Notwehr, und ich habe das anfangs falsch wahrgenommen …«

Auch wenn wir in unserer Thematik in erster Linie nur von Worten reden, können wir aus der Gewaltforschung lernen. Auch hier gilt: Je mehr Anwesende, umso leichter kann es jemand mit rechten Parolen haben, wenn nämlich niemand widerspricht, da alle hoffen, dass es jemand anderes tun möge. Für Parolen empfängliche Menschen (► Kapitel »Wer ist Ihr Gegenüber?«) könnten dann am Ende sogar denken, dass vielleicht etwas an dem Gesagten dran ist – eben *weil* niemand etwas dagegen gesagt hat.

Schon Molière erkannte somit ganz richtig: Wir haben *immer* eine Mitverantwortung, egal was wir (nicht) tun, egal wie viele da sind.

Das heißt aber nicht, dass Sie allein handeln müssen. Bitten Sie andere gezielt um Unterstützung: »Frau X, erzählen Sie doch mal eben in der Runde, was Sie letzte Woche in der Tafel erlebt haben.« Sie spielen dabei auf ein positives Beispiel an, das Frau X bislang nur Ihnen erzählt hat. Und Sie wissen, dass Frau X zu schüchtern ist, der Parolen verbreitenden Person etwas aus eigener Kraft entgegenzusetzen, aber mit Ihrer Unterstützung gern von ihrem Erlebnis berichten wird (also ein Gamma-Typ, ► Kapitel »Typenkunde«).

Wenn es doch eskaliert …

In diesem Buch geht es *nicht* um körperliche Gewalt. Da aber, insbesondere im öffentlichen Raum mit Ihnen unbekannten Menschen, nicht ausgeschlossen werden kann, dass einzelne Situationen eskalieren könnten, hier einige Hinweise:

Ob Sie eine Gesprächsszene beobachten oder in sie involviert sind, bevor eine Situation körperlich gewalttätig wird: Es gibt in der Regel Vorstufen, in denen quasi die Betriebstemperatur der Kontrahent*innen steigt. Zunächst haben sich die Gesprächspartner*innen im Blick (visuelle Gewalt), hören einander noch zu, aber nutzen die Argumente des Gegenübers nur für ihre Gegenargumente, wollen für sich punkten und recht haben (► Kapitel »Status«). Dann steigern sich Lautstärke und Sprechtempo, Inhalte werden gar nicht mehr gehört, es wird emotional (verbale Gewalt). Das Handeln wird unbewusster, die Distanz verringert sich, es kann zu ersten körperlichen Berührungen kommen (territoriale Gewalt). Schließlich werden Sätze kürzer, Drohungen ausgesprochen, gebrüllt, die Umgebung wird ausgeblendet, es kommt zu körperlichen Angriffen (physische Gewalt), es ist ein offener Machtkampf, um das eigene Ansehen zu wahren. Worum es ursprünglich inhaltlich ging, können Beteiligte weder jetzt noch später sagen. In seltenen Fällen kann eine weitere Phase folgen, in der es nur noch um die physische Vernichtung des Gegenübers geht, die Gewalt findet dann völlig unkontrolliert und unbewusst statt.

Lernen Sie, diese Vorstufen zu erkennen, achten Sie auf kommunikative und körperliche Signale. Je früher Sie eingreifen oder selbst aussteigen, desto einfacher lässt sich eine Eskalation vermeiden. Halten Sie nach möglichen Verbündeten Ausschau, versuchen Sie, Ihr Gegenüber nicht bloßzustellen, bieten Sie gesichtswahrende Handlungsoptionen an (► Kapitel »Wertschätzen«), spielen Sie nicht den Helden oder glauben Sie, Ihr Karatekurs würde Sie unverwundbar machen.

Wenn es doch eskaliert:

- Schützen Sie sich selbst (Selbstschutz geht vor Fremdschutz).
- Wählen Sie den Notruf 110.
- Berühren Sie Täter*innen nicht, das kann zu vermehrter Aggression führen.
- Berühren Sie während des Konflikts auch die Opfer nicht und engen Sie nicht deren möglichen Fluchtweg ein (sie können unter Umständen nicht einschätzen, wer Sie sind, ob Freund*in oder Feind*in).
- Sprechen Sie andere Anwesende gezielt an. Nicht: »Ich brauche Hilfe!« oder »Kann mal wer kommen?«, sondern: »*Sie,* in der blauen Jacke, tun Sie bitte …«
- Machen Sie Lärm, lenken Sie ab! Sie ermöglichen so eventuell einem Opfer die Flucht und irritieren Täter*innen.
- Prägen Sie sich für eventuelle Täter*innenbeschreibungen so viele Details wie möglich ein: Kleidung von unten nach oben (eine Mütze oder Jacke kann eine flüchtende Person wegwerfen, mit Hose oder Schuhen wird das schwieriger) und natürlich wenn möglich das Gesicht.
- Schreiben Sie so schnell wie möglich ein Gedächtnisprotokoll.

Das Wichtigste aus Kapitel 1.2–1.4

- Klären Sie, mit wem Sie es zu tun haben. Wissen Sie etwas über die Person und ihre Gesinnung? Wie wichtig ist Ihnen die Person? Haben Sie weiterhin Kontakt?
- Klären Sie, was Sie möchten. Was ist gegebenenfalls Ihre eigentliche Aufgabe? In welcher Tagesform sind Sie? Wie viel Zeit haben Sie? Ist ein Verschieben sinnvoll? Oder kann es erst einmal reichen, nur ein Statement zu setzen?
- Klären Sie, was hinter den Parolen stecken kann. Welche Bedürfnisse könnte Ihr Gegenüber haben?
- Klären Sie, in welchem Kontext Sie sich bewegen. Gibt es weitere Beteiligte, die die Szene erleben?
- Beobachten Sie die Körpersprache.
- Wiederholen Sie nicht die Verallgemeinerungen, Frames usw. Ihres Gegenübers, sondern setzen Sie eigene Botschaften ab.
- Suchen Sie Gemeinsamkeiten.
- Stellen Sie offene Fragen.
- Lassen Sie sich nicht provozieren. Atmen Sie durch. Bleiben Sie höflich, sachlich, wertschätzend.
- Klären Sie die vorhandenen Potenziale für Rückendeckung. Suchen Sie Unterstützung.
- Brechen Sie ab, wenn Sie Ihrem Gegenüber nur als Bühne dienen.
- Es gibt nicht *die* Lösung. Tun Sie, was sich für Sie *jetzt* stimmig anfühlt.
- Probieren Sie sich aus, sehen Sie die Situation auch als Lernchance. Was immer Sie versuchen, es ist besser, als zu schweigen.

2 Beispiele und Handlungsideen

Sie finden im Folgenden Beispiele aus unterschiedlichen Settings mit verschiedenen Herangehensweisen, denn es gibt nicht *die* richtige Methode, *die* richtige Lösung. Manche Beispiele beschreiben subtile Stimmungen, andere heftige Äußerungen. Manche sind ausführlich geschildert, andere nur kurz umrissen. Manche Reaktionen können als gelungen, andere als weniger zielführend bezeichnet werden. Es geht in den Kommentaren aber *nicht* darum, das erfolgte Handeln zu benoten, sondern daran zu lernen, sodass *Sie* passende Handlungsoptionen für *sich selbst* entwickeln können. Natürlich können hier nicht aus jedem Arbeits- und Lebensbereich »positive« wie »negative« Beispiele aufgeführt werden.

2.1 Bei der Arbeit

2.1.1 Vor einer Gruppe

Elternabend, Informationsveranstaltung, Schüler*innendiskussion, Gruppentherapie, Dienstbesprechung, Kirchenvorstandstreffen, Weiterbildungsseminar, Vortrag – und jemand haut einen Satz raus, der Ihnen Ihr ganzes Konzept durcheinanderbringt. Alle Augen sind nun auf Sie gerichtet. *Ihre* Haltung ist entscheidend. Wenn Sie »unpassend« reagieren, fühlt sich der oder die Störende bestätigt, und bei den übrigen Teilnehmenden kann (un-)bewusst die Botschaft ankommen, dass derartige Äußerungen und dahinterstehende Inhalte in diesem Rahmen offenbar legitim seien.

Die Folge: Einige der Anwesenden möchten unter solchen Bedingungen nicht weiterarbeiten, sehen Sie nun gleichfalls als Vertreter*in rechter Gesinnung, beginnen Nebengespräche oder verabschieden sich (tatsächlich oder innerlich). Andere starten eine Auseinandersetzung mit der Parolen verbreitenden Person und lassen Ihnen eine Fortsetzung Ihrer Veranstaltung unmöglich werden.

Manche (insbesondere Menschen mit eher großer Machtdistanz) erwarten wiederum von Ihnen, dass *Sie* die Störungen klären – wenn Sie dies also nicht tun, werden Sie als schwach und inkompetent empfunden. Weitere verlagern die Diskussion darüber in die Pause oder in Kleingruppenarbeiten, es entsteht eine ungute Stimmung, es wird nicht mehr an den eigentlichen Themen weitergearbeitet.

Wenn Sie das alles nicht wollen, *müssen* Sie reagieren.

Beim Eltern-Info-Abend oder: Gute Vorbereitung ist die halbe Miete
Lehrerin Frau P. informiert in der Aula die gesamte Elternschaft über Neuerungen an der Schule, unter anderem über Klassen, die speziell für geflüchtete Kinder eingerichtet worden sind. Sie fragt, ob es Nachfragen gebe. Einige melden sich, haben Sachfragen nach Laufzeit, Gruppengröße, Raumaufteilung, Stundenplan-Auswirkungen auf die anderen Kinder usw. Ein weiterer Herr hat sich gemeldet und bekommt von der anwesenden Referendarin das Mikro gereicht. Er stellt keine Frage, sondern beginnt sofort mit einem Monolog und einem inhaltlichen Rundumschlag (Flüchtlinge seien allesamt Islamist*innen, kriminell usw.). Zudem äußert er Sorgen, dass das Bildungsniveau an der Schule sinken würde, und möchte eine Unterschriftenliste gegen die Aufnahme herumgeben.

P. hat mit »kritischen« Bemerkungen gerechnet, aber nun kommt sie kaum zum Luftholen, geschweige denn gelingt es ihr, den Herrn zu unterbrechen. Unmut macht sich im Publikum breit, vereinzelt wird auch Zustimmung laut. Die Veranstaltung läuft völlig aus dem Ruder.

Kommentar
P. hatte das zutreffende Bauchgefühl, dass es schwierig werden könnte. Aber sie hat dieses Gefühl nicht weiter verfolgt. So unterlief ihr bzw. ihrem Team ein Kardinalfehler: Sie gaben das Mikro aus der Hand. Das sollten Sie nicht tun (oder jemanden am Lautstärkeregler sitzen haben, der es auf eine vereinbarte Geste hin ausstellt). Auch nach Vorträgen melden sich oft Menschen im Publikum und nutzen die Macht des Mikros für Gegenreferate, langatmige persönliche Berichte oder eben Parolen.

In der Situation selbst könnte P. zunächst auf sich achten (► Kapitel »Kleine Tricks«, ► Kapitel »Basic und High Talk«, ► Kapitel »Status«). Sie könnte den Herrn darauf hinweisen, dass er – solange er niemanden offen beleidige – durchaus seine Meinung haben und sagen könne (► Kapitel »Meinungsfreiheit«). Jetzt gehe es aber nicht um Meinungen. Sie habe explizit nach Sachfragen gefragt. Zudem seien noch andere Punkte auf der Tagesordnung, und die Veranstaltung solle im Interesse aller pünktlich enden. P. sollte versuchen, klar die Sache und die Person zu trennen und bei Deeskalationsversuchen das Gesicht des Redners zu wahren (► Kapitel »Wertschätzen«). Sie könnte anbieten, sich zu einem späteren Zeitpunkt mit dem Herrn zu treffen.

Möglich wäre es auch, einen einzelnen Punkt aus dem Redeschwall herauszupicken und als Sachthema aufzugreifen (► Kapitel »Parolenhopping«), zum Beispiel dass Studien belegen, dass Kinder von vielfältig besetzten Lerngruppen und Mehrsprachigkeit durchaus profitieren (damit würde sie verhindern, dass der Herr Dritten erzählen könnte, er sei überhaupt nicht angehört worden). Zum Unterschriftensammeln könnte sie sagen, dass es aufgrund der Schulpflicht nicht möglich sei, Kinder auszuschließen. Da man hier den Bildungsauftrag ernst nehme, habe das gesamte Team bestmögliche Fördermöglichkeiten für *alle* Kinder überlegt und daher auch diesen Informationsabend angeregt.

Vieles hätte P. bereits *vor* der Veranstaltung tun können:

Sie hätte Kolleg*innen ansprechen können, sie bei der Veranstaltung zu unterstützen, damit sie eben nicht allein (bzw. nur mit einer Referendarin) dasteht. Dann sollte man vorher absprechen, was wer im Fall eines Falls tun kann (siehe Thema Mikro). P. hätte weitere Personen (zum Beispiel Eltern, zu denen sie einen sehr guten Draht hat) briefen können, damit diese gegebenenfalls lautstark gegen eine störende Person ihre Stimme erheben. (Rechnen Sie allerdings damit, dass Ihr Gegenüber die gleiche Strategie fährt und ebenfalls nicht allein agiert.) P. hätte sich Sätze zurechtlegen können, um mögliche Verbalattacken zurückzuweisen, wenn sie von sich weiß, dass sie in unerwarteten Stresssituationen nicht so spontan ist. Ebenfalls im Vorfeld hätte sie mit ihrer Leitung besprechen können, wo die Grenze des Sagbaren liegt und was sie im Zweifelsfall tun solle (► Kapitel »Rückendeckung«). Sie sollte sich die Nummer des Hausmeisters oder der Hausmeisterin bereitlegen, um gegebenenfalls schnell um ein Eingreifen bitten zu können (Hausrecht).

Generell könnte sie sich mit dem Kollegium und der Leitung dafür einsetzen, an Programmen wie »Schule gegen Rassismus« teilzunehmen, lokale Initiativen einzubeziehen und dieses Thema in den Klassen und in der Elternarbeit kontinuierlich zu platzieren.

Beim Weiterbildungsseminar oder: Subtile Angst in der Kleingruppenarbeit

Herr Q. leitet eine Weiterbildung. Ein Teilnehmer, Herr Z., fällt ihm auf, weil er sich »merkwürdig« verhält. Einzelne Teilnehmende kommen zu Q. und merken an, dass die Partner*innen- oder Gruppenarbeiten mit Z. »schwierig« verlaufen würden, er würde andere Äußerungen kritisieren und »irgendwie Angst« verbreiten. In Plenumsrunden hält Z. sich zurück. Nach einigen Seminartagen legt er dann in einer Pause ein paar Flyer aus. Diese wirken beim ersten Überfliegen harmlos, es geht um einen privaten Verein, der sich mit Bildungsangeboten befasst. Beim genaueren Betrachten zeigt sich aber ein stark antifeministisches Weltbild. Spätere Recherchen ergeben, dass der Verein der rechten Szene nahesteht.

Da die Weiterbildung außerhalb in einem Hotel stattfindet, kann Q. nur in der Mittagspause versuchen, seinen Auftraggeber telefonisch zu erreichen, was misslingt. Er ist auf sich allein gestellt und ergreift nach der Flyer-Aktion die Initiative. Er bittet die Teilnehmenden, falls sie Materialien auslegen möchten, dies vorher kurz mit ihm abzusprechen. Er spricht unter vier Augen mit Z. und teilt diesem mit, dass die Inhalte des Flyers sich nicht mit seinem Bildungsauftrag deckten und Z. auch innerhalb des Seminars von solchen Äußerungen Abstand nehmen möge. Ferner bittet er ihn, an den gestellten Kleingruppenarbeiten konstruktiv mitzuwirken, da sonst seine Teilnahme am Kurs im Sinne des zu erreichenden Zertifikates nicht gewertet werden könne. Sollte Z. sein Verhalten nicht ändern, würde Q. sich vorbehalten, ihn auszuschließen (► Kapitel »Ab- oder Ausgrenzung?«).

Kommentar

Q. ist als Trainer und Supervisor schon erfahren, insbesondere im Umgang mit Widerständen. Er will keine Eskalation, sie hätte auch wertvolle Seminarzeit gekostet. Er versucht, der gesamten Gruppe ein Zeichen zu setzen, ohne Z. zu sehr bloßzustellen (die Flyer-Ansage gilt für alle). Dennoch merken die anderen Teilnehmenden, dass vor allem Z. sein Gedankengut nicht weiter verbreiten soll. Im Vier-Augen-

Gespräch bleibt Q. sachlich und formuliert Bitten (► Kapitel »Wertschätzen«, ► Kapitel »Bitten«).

Es wäre für Q. sehr hilfreich gewesen, wenn er überhaupt und dann am besten *vorher* eine Handlungsanweisung seines Auftraggebers gehabt hätte (► Kapitel »Rückendeckung«). Er hätte diese auch selbst einfordern können. Viele Anbieter*innen von Bildungsangeboten haben sich diesen Themen noch nicht gestellt und handeln erst, wenn sie müssen (in diesem Fall, weil Q. anschließend im Sinne des Kollegiums darauf drängte). So kann wertvolle Zeit verloren gehen.

Rechte nutzen teilweise gezielte Unterwanderungsstrategien im Bildungsbereich, insbesondere auch in Kitas und in der Jugendarbeit. Kennzeichnend ist, dass ihr Verhalten zunächst oft schwer greifbar ist, hier also nur als »irgendwie merkwürdig und beängstigend« auffällt (► Kapitel »Untergangsstimmungen«). Es ist daher schwer zu sagen, ob einige der subtilen Botschaften von Z. bei den anderen Seminarteilnehmenden nicht eventuell schon fruchteten.

Eine Einrichtung könnte gleich in ihrem Programm und bei der Anmeldung darauf hinweisen, dass rechtes Gedankengut nicht erwünscht sei und zum Ausschluss führen könne. So wären in diesem Fall alle Beteiligten (und auch Q.) noch sensibilisierter gewesen, Q. hätte schneller eingreifen können oder die Hinweise hätten Z. von vornherein abgeschreckt.

Zu Beginn einer Weiterbildung, aber auch eines kurzen Workshops, kann man präventiv sagen: »Wir sind hier eine vielfältige Runde, und das finde ich spannend. Lassen Sie uns alle auf eine respektvolle und diversitätssensible Sprache achten. Sollte mir etwas durchrutschen, das Sie als unpassend empfinden, weisen Sie mich bitte darauf hin.«

In der Oberstufe oder: Wie man Sprücheklopfer beschäftigt

Frau J. übernimmt mitten im Schuljahr eine 11. Klasse. Sie wird von ihrer Vorgängerin gewarnt: Schüler M. würde ständig provozieren, Aufgabenstellungen in Frage stellen, ihre Fachkompetenz angreifen, da sie ja »nur« eine Frau sei, Homosexuelle beleidigen, sich antisemitisch äußern, aber irgendwie immer wieder zurückrudern, sich freundlich entschuldigen, sagen, er habe ja nur etwas wiederholt, das er woanders gehört habe, dann wieder anderen Schüler*innen im Unterricht helfen, sodass sie keinen Ansatzpunkt habe, ihn zu maßregeln.

J. verteilt am ersten Tag Einzel-, Partner*innen- und Kleingruppenarbeiten, um den Leistungsstand des Kurses zu ermitteln. In der relativ freien Arbeitsatmosphäre nimmt sie immer wieder einzelne Schüler*innen aus dem Raum, um sich kurz mit ihnen auszutauschen. Als sie mit M. spricht, lobt sie dessen Einsatz für andere Schüler*innen, von dem sie gehört habe, und sagt, sie würde ihn gern deutlich stärker einbinden. Als Lohn könne er an einem Projekt teilnehmen, bei dem ein spannendes Workcamp winke. Im Nebensatz erwähnt sie, dass ihr ein demokratisches Grundverständnis eine Selbstverständlichkeit sei, alle hätten das gleiche Recht, gut zu lernen und behandelt zu werden. Dafür würde sie ihn um Unterstützung bitten, und bevor M. etwas erwidern kann, bekommt er schon die ersten Aufgaben in die Hand gedrückt.

Kommentar
Was auf den ersten Blick wie Lohn für den falschen, nämlich einen sich »schlecht« benehmenden Schüler, der alle Register zieht (► Kapitel »Zwei vor, einen zurück«), wirkt, folgt einer klaren Strategie. Wenn meine erfahrene Vorgängerin es nicht geschafft hat, wie soll das mir gelingen, fragte sich J. und handelte nach dem Motto: »Wenn du deinen Gegner nicht bekämpfen kannst, dann verbünde dich mit ihm«. Sie macht das, womit M. vermutlich nicht rechnet (► Kapitel »Irritationen«). Sie versucht, ihn so sehr zu beschäftigen, dass er zu seinen Parolen gar nicht mehr kommt, dass er sich auch so »gesehen« fühlt (► Kapitel »Bedürfnisse«), und formuliert deutliche Bitten (► Kapitel »Bitten«). Sie tritt freundlich, aber klar und autoritär auf (► Kapitel »Status«), was Menschen mit Autoritätsproblemen oft beeindruckt (► Kapitel »Mögliche Ursachen rechten Gedankenguts«). Sie möchte zu M. eine vertrauensvolle Basis entwickeln, sodass sie zu einem späteren Zeitpunkt vielleicht auch inhaltlich mit ihm sprechen kann (► Kapitel »Was ist Ihr Ziel?«). Sie möchte eine Ausgrenzung von ihm vermeiden, da sie den Eindruck hat, dass er noch erreichbar ist (► Kapitel »Wer ist Ihr Gegenüber?«). Bei einer Ausgrenzung befürchtet sie eine Spaltung des Kurses, denn M. könnte Mitschüler*innen auf seine Seite ziehen (► Kapitel »Aus- oder Abgrenzung?«). Zudem möchte sie gegenüber dem übrigen Kurs ein Zeichen setzen. Die Vorgängerin hat sehr lange die Sprüche geduldet, was von Mitschüler*innen so gedeutet werden könnte, dass die Aussagen doch nicht so schlimm seien.

Natürlich ist J.s Vorgehen ein Risiko. Sie kann mit ihrer Einschätzung falschliegen, dass M. »noch« erreichbar sei und er die rechten Sprüche vor allem um der Provokation willen mache und nicht aus inhaltlicher Überzeugung. Möglicherweise bewegt er sich längst aktiv in rechten Kreisen und weiß sehr genau, wie weit er in der Schule gehen kann. Eine »Gelingen-Garantie« gibt es eben nie.

Es ist auch zu fragen bzw. zu kritisieren, dass viele Lehrkräfte zu solchen Themen nach wie vor oft auf sich allein gestellt sind. Da helfen auch einzelne Fortbildungen nur bedingt, wenn nicht gleichzeitig strukturelle Maßnahmen umgesetzt werden (► Kapitel »Rückendeckung«).

In der Berufsfachschule oder: Der Irrglaube der Von-selbst-Erledigung

Herr X. ist aus seinem Heimatort für eine Ausbildung zum Heilerziehungspfleger in eine andere Stadt gezogen. Schnell hat er im Kollegium der Berufsfachschule, wo der Blockunterricht stattfindet, aufgrund seiner Äußerungen den Spitznamen »Hooligan« erhalten.

In einer Dienstbesprechung spricht Frau I. die Problematik mit dem für sie unhaltbaren Auszubildenden an. Die Kolleg*innen und die Leitung sind jedoch der Ansicht, dass sich das mit der Zeit geben werde, wenn man X. einfach freundlich behandele. Es ändert sich allerdings nichts.

Kommentar

Dieses Verhalten ist gefährlich und naiv. Ja, es kann Menschen geben, die sich ändern, wenn man sie anders als von ihnen erwartet behandelt. Aber was die Kolleg*innen als »Strategie« bezeichnen (ihre Freundlichkeit), ist letztlich ein Nicht-Handeln und wird von X. auch so wahrgenommen. Er hat freie Bahn.

Jedes andere Verhalten seitens der Kolleg*innen wäre hier besser gewesen. Insbesondere ist aber eine Absprache innerhalb des Kollegiums sowie mit der Leitung gefragt. Die Schule hat hier eine Verantwortung gegenüber den anderen Auszubildenden, die X.s Verhalten ebenso ausgesetzt sind, ob er sie nun verbal verletzt oder womöglich zu ebensolchem Denken anregt. I. kann nur konsequent immer wieder ihre Statements setzen (► Kapitel »Neutralität?«, ► Kapitel »Ab- oder Ausgrenzung?«), bis es allen Beteiligten zu den Ohren rauskommt. Das mag nerven, aber Wiederholungen festigen Inhalte. Vielleicht erreicht sie zumindest einige andere Auszubildende (gesellschaftliches Umfeld, ▸ Kapitel »Wer ist Ihr Gegenüber?«). Sie kann versuchen, X. unter vier Augen wertschätzend zu begegnen und seine Bedürfnisse zu erkunden (Einsamkeit in der fremden Umgebung, Unsicherheit etc., ▸ Kapitel »Bedürfnisse«). Sie kann es mit Humor oder Sarkasmus versuchen: »Sie schimpfen immer auf die gleichen Gruppen. Das langweilt mich. Morgen würde ich gern mal was Neues von Ihnen hören« (▸ Kapitel »Irritationen«). Egal was sie tut, es hilft *ihr,* sich nicht ganz ohnmächtig zu fühlen.

Die eigentliche Ursache dieser unbefriedigenden Situation ist neben Führungsschwäche, Ignoranz und Unsicherheiten fast aller Beteiligten die Struktur der Berufsfachschule. Viele Dozent*innen arbeiten hier auf Honorarbasis, verdienen wenig, finanzieren damit ihr Studium, haben noch andere Neben- oder Hauptjobs, es gibt oft eine hohe Fluktuation, kaum gemeinsame Fortbildungen. Da ist es naturgemäß schwer, zusammen an einer Haltung zu arbeiten, Strukturen zu implementieren und sich zu diesem Thema mit den Betrieben der Praxisphasen ausreichend zu vernetzen (▸ Kapitel »Rückendeckung«). Aufgrund zunehmenden Fachkräftemangels werden zudem in vielen helfenden Berufen manche ungeeignete Auszubildende durchgewinkt.

Im Sportverein oder: Wie sich elterliche Vorbehalte auf Kinder übertragen können

Herr W., ansonsten Sozialarbeiter in einem Jugendzentrum, leitet in seiner Freizeit Schwimmkurse. Ihm werden von einem Träger vermehrt geflüchtete Kinder zugewiesen, die noch keinerlei Schwimmerfahrungen haben. Eigentlich läuft die Zusammenarbeit in den gemischten Kindergruppen ganz gut, doch zunehmend macht sich unter den deutschen oder selbst zugewanderten, aber schon länger in Deutschland lebenden Eltern Unmut breit, dass für ihre Kinder nicht mehr genug Plätze in den Schwimmkursen zur Verfügung stehen würden. Als W. für eine Übung Paare zusammenstellt, sagt Laura: »Die Islamisten fass ich nicht an.« W. entgegnet: »Aber Laura, so was sagt man doch nicht.« Und er denkt: Da stecken bestimmt die Eltern dahinter. Aber wenn Laura Esra erst einmal näher kennenlernt, werden die beiden sich sicher gut verstehen.

Kommentar
Kinder haben zunächst keine Vorurteile, sie erlernen und übernehmen diese wie andere Elemente im Verlauf ihrer Erziehung und kulturellen Prägung (► Kapitel »Stereotype«), da lag W. wohl schon ganz richtig. Vermutlich weiß Laura gar nicht genau, was hinter dem Wort »Islamisten« steckt. Dadurch, dass sie dafür zurechtgewiesen wird, erhält jedoch *sie* die Aufmerksamkeit. Esra hingegen gerät aus dem Blick (► Kapitel »Opfer-Täter*innen-Dritte«). Was W. für Laura als Lernchance sieht, kann für Esra eine Qual werden, wenn Laura die Übung mit Esra verweigert, sie stehen lässt und sich einem anderen Paar anschließt, möglicherweise mit der »Erklärung«, Esra habe sie schlecht behandelt. Es wäre hilfreicher, zum Beispiel die Übung gemeinsam mit Esra und Laura durchzuführen, um Esra damit zu stärken und Laura gleichzeitig »kontrollieren« zu können. Später könnte W. mit Laura einzeln sprechen. Gegebenenfalls auch mit der ganzen Gruppe, ohne dass Laura bloßgestellt wird (► Kapitel »Wertschätzen«) und Esra sich schuldig fühlt. Idealerweise noch mit den Eltern. Das klingt nach viel Aufwand und erscheint unrealistisch in einem Schwimmkurs. Doch wenn Verhaltensweisen wie die von Laura sich festsetzen, ist das angestrebte Sportprogramm noch weniger umsetzbar. Es lohnt sich, früh zu intervenieren.

Eine zweite Baustelle ist, dass hier ein strukturelles Problem individuell von W. geschultert werden soll. Es geht nämlich eigentlich gar nicht darum, dass es in der Relation zu viele Plätze für aktuell geflüchtete Kinder gibt und zu wenige für hier schon länger lebende. Es gibt vielmehr einfach *insgesamt* zu wenige Plätze, zu wenige Badezeiten, zu wenige Schwimmbäder. Wer sich also »nur« mit einer konkreten rechten Parole beschäftigt, kann leicht die eigentlichen Hintergründe aus dem Blick verlieren (► Kapitel »Mögliche Ursachen rechten Gedankenguts«). Eine diesen Umstand berücksichtigende Möglichkeit wäre es daher, dass W. versucht, alle Eltern zu mobilisieren, sich bei der Kommune für mehr Kurse, Badezeiten, die Renovierung des seit Jahren leer stehenden Schwimmbads im Nachbarstadtteil einzusetzen. Auch könnte er die Kinder zur Unterstützung dieser »Kampagne« gemeinsam Bilder zu dem Thema malen lassen, dass sie eben *alle* gern schwimmen lernen *wollen,* aber es aufgrund der Platzprobleme nicht oder nur eingeschränkt *können.*

Beim Geburtstagsbesuch oder: Zwischen Positionierung und Feierstimmung

Ein hoher runder Geburtstag in der Gemeinde. Wie üblich bei solchen Anlässen besucht Frau D. vom ehrenamtlichen Besuchsdienst die Jubilarin. Mit am Tisch bei Kaffee, Kuchen, Blümchen sind ebenfalls betagte Geschwister, Nachbarinnen und die Schwiegertochter. D. nutzt solche Anlässe gern, um mehr über die Gemeindemitglieder zu erfahren, mit ihnen im Kontakt zu bleiben, sie wertzuschätzen, Präsenz zu zeigen. So fragt sie wie üblich nach Erinnerungen. Es folgen in gemütlicher Nehmen-Sie-doch-noch-ein-Stück-Torte-Atmosphäre Dorfbeschreibungen und Kindheitsanekdoten, die kaum merklich übergehen in »Damals war ja auch nicht alles schlecht. Unter Hitler gab's wenigstens Ordnung«. D. entgegnet: »Es wurden aber auch viele Menschen verfolgt, das wissen Sie doch.« »Na ja, aber uns ging's doch allen gut«, sind sich die Älteren einig. »Schön, und gleichzeitig vielen anderen sehr, sehr schlecht. Aber nun erzählen Sie mal, wie Sie sich *heute* fühlen, an Ihrem Ehrentag«, lenkt D. das Gespräch um.

Kommentar

D. versucht, die Balance zu wahren zwischen deutlicher Positionierung auf der einen und Achtung der Jubilarin und ihrer Feier auf der anderen Seite. Als Gast die Gastgeberin zu beschimpfen wäre unangebracht. Das könnte zur Folge haben, dass es hieße, man könne D. nichts mehr erzählen, was wiederum in der Gemeinde schnell die Runde machen würde. D. möchte das Vertrauen und letztlich den Kontakt nicht aufs Spiel setzen. So wählt sie gut ein kurzes, klares inhaltliches Statement (► Kapitel »Ab- oder Ausgrenzung?«), bevor sie das Thema auf die eigentliche Situation – den Geburtstag – zurücklenkt (► Kapitel »Umlenkung von Themen«) und somit alle ihr Gesicht wahren können (► Kapitel »Wertschätzen«). Denkbar wäre natürlich auch ein Hinterfragen der Hintergründe (► Kapitel »Bedürfnisse«, ► Kapitel »Mögliche Ursachen rechten Gedankenguts«), aber das muss nicht am heutigen Festtag passieren.

2.1.2 Unter vier Augen

Sie wollen, müssen, sollen einen geschützten Raum anbieten, um gut mit Klient*innen, Patient*innen, Ratsuchenden arbeiten zu können. Sie unterliegen vermutlich der Schweigepflicht, Ihr Gegenüber kann vertrauen, dass seine Äußerungen im Raum bleiben. Wenn Kund*innen Sie aufsuchen müssen, sind Sie vielleicht weisungsgebunden, haben einen klaren Auftrag zu erfüllen, etwas zu bearbeiten, ein vorgegebenes Ergebnis zu erreichen. Zwischen Ihnen und Ihrer Kundschaft herrscht ein Machtgefälle.

Wenn außerhalb solcher Settings jemand Sie anspricht, erwartet die Person in der Regel, dass Sie das für sich behalten – sonst hätte sie es ja auch in großer Runde sagen können. Gleichzeitig können Sie aber einen offensichtlichen oder versteckten Auftrag erhalten (Sie müssen Vermittlungszahlen erreichen, Sie sollen einen Mitarbeitenden besänftigen).

Mögliche Widersprüche liegen auf der Hand, damit sind Sie vertraut. Nun kommt eine Ebene hinzu, die nicht nur Sie selbst irritiert oder verärgert, sondern auch den gesellschaftlichen Zusammenhalt berührt. Versuchen Sie auch hier, die eigentlichen Bedürfnisse zu ergründen, die Muster zu entschlüsseln, Rückendeckung Ihrer Einrichtung zu klären usw.

In der Berufsintegrationsmaßnahme oder: Die anderen sind schuld

Herr K. arbeitet seit Kurzem nach einem geisteswissenschaftlichen Studium als Quereinsteiger in einer Berufsintegrationsmaßnahme. Heute erwartet er Herrn L., einen laut Kolleg*innen »schwierigen« Kunden. Nach kurzer Begrüßung spricht K. L.s nicht eingehaltene Termine, mangelnde Bewerbungsversuche usw. an, was er den Akten entnommen hat, und weist auf mögliche Leistungskürzungen des Job-Centers hin. L., bis dahin im Gespräch eher teilnahmslos, springt auf und wettert: »Und den Scheiß-Asylanten schieben Sie alles in den Arsch! Die kriegen mehr als ich mit meinem Hartz IV!«

K. ist geschockt, auch wenn er aus der Akte weiß, dass L. sich offenbar nicht aktiv um Arbeit bemüht und die Schuld jedes Mal bei anderen sucht – seiner Ex-Frau, dem letzten Praktikumsbetrieb usw. K. bittet L., sich zu beruhigen, damit sie sachlich reden könnten. Doch dieser fegt mit einer Armbewegung Unterlagen vom Tisch und schimpft unbeirrt weiter. K. ist überfordert.

Kommentar
Wer gesagt bekommt, er solle sich beruhigen, damit man sachlich reden könne, wird in der Regel verstehen, er sei *un*ruhig und *un*sachlich, und das kaum widerspruchslos hinnehmen. Keine gute Intervention von K., selbst wenn er in der Sache recht hat (Asylbewerber*innenleistungen sind geringer als Hartz IV).

Durchatmen, auf den Körper achten, Ruhe bewahren wären stattdessen angesagt (▶ Kapitel »Status«, ▶ Kapitel »Kleine Tricks«): »Ich werde Ihre Bemerkung einfach mal überhören.« Oder: »Herr L., wenn Sie so laut sind, kann ich mich nicht konzentrieren, und das möchte ich gern. Ich möchte nämlich überlegen, wie ich Sie in Zukunft unterstützen kann, damit es Ihnen besser geht.« Oder: »Herr L., ich glaube, wir vertragen beide erst mal einen Kaffee. Milch und Zucker?« (▶ Kapitel »Irritationen«). Und weiter: »Die Vergangenheit haben wir ja nun besprochen, jetzt gucken wir mal nach vorn …«

Da K. nach Vorwarnungen und Aktenlage wusste, dass es nicht leicht werden könnte, kann er auch gleich mit dem Kaffee beginnen. Obgleich K. nicht die Zeit und Möglichkeiten haben wird, sich so um die Bedürfnisse L.s zu kümmern, wie es dieser bräuchte (auch wenn L. seine Situation vielleicht gar nicht verändern will) – K. wird es besser gehen, wenn er seine Arbeitstage ohne brüllende Kund*innen übersteht (▶ Kapitel »Was ist Ihr Ziel?«).

Ansonsten kann er sich klar positionieren (▶ Kapitel »Ab- oder Ausgrenzung?«) und auf die Leitlinien seines Trägers hinweisen (▶ Kapitel »Rückendeckung«).

Am Krankenbett oder: Auf der Suche nach Ressourcen
Frau C. arbeitet in einem Krankenhaus als Psychoonkologin. Heute sucht sie Frau H. an ihrem Krankenbett auf, eine ältere Tumorpatientin, verwitwet, kinderlos. H. fühlt sich sehr allein, beklagt, dass sie dieses Land mit aufgebaut und immer hart gearbeitet habe. Nun gebe es niemanden, der sich um sie kümmere, und so müsse sie für einen Kurzzeitpflegeplatz bezahlen, bis sie wieder ganz genesen sei. Das sei alles so ungerecht, schimpft H. und beginnt nun heftig über »die

Asylanten« herzuziehen, denen der Staat einfach alles bezahle. C. hört zunächst nur zu. Die diskriminierenden Äußerungen ignoriert sie. Sie versucht zu verstehen, wie H. ihr Leben gemeistert hat, und spricht genau dies an: »Sie kennen doch die Situation, dass Sie auf sich allein gestellt sind. Und Sie haben, so ist mein Eindruck, Ihr Leben bislang sehr gut gemeistert. Davor habe ich große Achtung. Wie haben Sie das geschafft? Wie haben Sie sich geholfen, wenn es mal schwierig war? Woraus haben Sie Kraft gesogen?« H.s Gesichtszüge entspannen sich.

Später kontaktiert C. noch den Sozialdienst des Krankenhauses sowie Stiftungen, die Tumorpatient*innen in der Nachsorge finanziell unterstützen können.

Kommentar

C. hat schnell erkannt, dass hinter der Flüchtlingsbeschimpfung von H. Trauer um deren Kinderlosigkeit, Einsamkeit nach dem Tod des Mannes und (finanzielle) Angst vor der Zukunft stecken (► Kapitel »Hypothetisieren«). Hinzu kommen die fremde Krankenhausumgebung und eine schwere Erkrankung (► Kapitel »Bedürfnisse«). Die Parolen haben C. zwar verletzt (auch wegen ihrer eigenen Migrationsgeschichte), aber sie stellt sich und H. während der Tiraden gemeinsam am Strand sitzend, das Meer beobachtend vor (► Kapitel »Kleine Tricks«). Dadurch findet sie Kraft, die Ressourcen H.s in den Mittelpunkt zu rücken, und das tut dieser gut. Freilich sagt das nichts über die Grundhaltung H.s aus. Ist sie tatsächlich fremdenfeindlich gesinnt, oder war es nur ein Ausdruck ihrer augenblicklichen Hilflosigkeit? Dies zu klären bräuchte mehr Zeit, die C. nicht hat, und das hat in dieser Situation auch keine Priorität.

Nach dem Gottesdienst oder: Schleichende Unterwanderung?

Seit einer Weile kommt Herr R., ein einfaches Gemeindemitglied, immer wieder auf Pastor V. zu und spricht ihn unter vier Augen an. Es fallen Äußerungen wie »Woanders wurde schon wieder ein Priester von Muslimen umgebracht« oder »Jetzt wird in den Kitas schon nicht mehr Weihnachten gefeiert«. Es ist bekannt, dass V. allen Menschen, auch Muslim*innen, offen gegenübertritt. R. bezeichnet ihn dafür als naiv und zu gutherzig. Er äußert sich auch konkret zu V.s Predigten: »Sie waren da zu offen, zu laisser-faire. Sie hätten zu dem Thema heute stärker Position beziehen müssen.« Pastor V. antwortet, man müsse differenzieren, er wolle die Welt nicht in Schwarz und Weiß einteilen. R. erwidert: »Das können Sie bloß deswegen sagen, weil Sie noch nicht alles wahrgenommen haben, was um Sie herum passiert.« So geht das eine Weile, dabei verhält sich R. immer höflich, wird nie laut. Schließlich beginnt er, WhatsApp-Nachrichten zu schicken, V. möge dies und jenes doch mal lesen. In einem Gespräch beim nächsten Kirchenfest, während sie am Grill anstehen, sagt R. zu V.: »Ich darf hier meine Position gar nicht mehr sagen.« »Doch, das dürfen Sie, aber Sie müssen auch mit meinem Widerstand rechnen«, entgegnet V. Darauf R.: »Ja, aber dann drängen Sie mich in eine bestimmte Ecke.«

Kommentar
Ein gezieltes Vorgehen mit dem Ziel einer schleichenden Unterwanderung kann hier nicht ausgeschlossen werden. Beharrlich streut R. seine Botschaften, die immer im »sagbaren« Rahmen bleiben, gibt V. Feedback, versorgt ihn mit vermeintlichen Fakten (Fake News, wie sich bei denen, die V. überprüft, feststellen lässt), spricht in »Ja, aber«-Sätzen, hängt Verschwörungstheorien an, inszeniert sich als Opfer usw. (▸ Kapitel »Stufen rechten Denkens und Handelns«, ▸ Kapitel »Opfer-Täter*innen-Dritte«). V. zeigt sich als harte Nuss, die nicht leicht zu knacken ist. Steter Tropfen höhlt den Stein, mag da R.s Antrieb sein. Auf Dauer dürften die Gespräche V. Kraft kosten und ihn von anderen Aufgaben abhalten. Hier muss er auf sich selbst achten. Auch die mögliche Wirkung auf andere Gemeindemitglieder ist wichtig. Wenn der Pastor immer wieder mit R. spricht, *kann man* mit diesem offensichtlich sprechen, R. wird schließlich zu keinem Zeitpunkt sichtbar zurechtgewiesen. Noch konnte V. nicht beobachten, dass R. sich so auch mit anderen Gemeindemitgliedern unterhält, aber es könnte eine nächste Stufe sein (gesellschaftliches Umfeld, ▸ Kapitel »Wer ist Ihr Gegenüber?«).

Da bislang V.s klare Positionierung R. offenbar wenig beeindruckte, der Pastor vielleicht auch als zu nachgiebig wahrgenommen wird (er soll schließlich für alle Gemeindemitglieder offen sein), ist zu überlegen, ob V. eventuell deutlicher werden muss. Dies könnte zunächst eine Bitte sein, in der V. seine eigenen Bedürfnisse berücksichtigt (▸ Kapitel »Bitten«). Wenn dies nicht fruchtet, kann er gegebenenfalls auch deutlicher werden: »Herr R., Sie kennen meine Haltung, Sie kennen die klare Position unserer Kirche. Ich dulde dieses Verhalten nicht weiter, im Sinne unseres Glaubens.« Natürlich kann das insofern nach hinten losgehen, wenn R. sich daraufhin gegenüber anderen Gemeindemitgliedern oder sonstigen Dritten als Opfer inszenieren sollte. Er sei rausgeschmissen worden (was V. so ja gar nicht gesagt hätte), obwohl er doch nur seine Meinung sagen, ja sogar dem Pastor helfen wollte, dieser sei aber völlig undemokratisch usw. (► Kapitel »Ab- oder Ausgrenzung?«, ► Kapitel »Opfer–Täter*innen–Dritte«). Dann hätte V. keinen Zugang mehr zu ihm. Es wäre somit ein sinnvoller Schritt, sich zuvor durch Kolleg*innen, den Kirchenvorstand und eventuell noch höhere Ebenen Unterstützung zu holen (► Kapitel »Rückendeckung«).

Möglicherweise ist R. von den Ereignissen in der Welt auch schlicht überfordert, selbst wenn er dies nicht ausspricht (Selbstoffenbarungsebene, ► Kapitel »Die vier Ebenen«), oder tatsächlich um die Kirchengemeinde besorgt und von V.s Nicht-Wahrnehmung seiner Bedürfnisse enttäuscht (Beziehungsebene). Da er auf diesen Ebenen nicht gehört wird, steigert er sich immer mehr in seine Themen und Opferrolle hinein, seine Bedürfnisse verpackt er in Vorwürfen (Appellebene). V. könnte versuchen, dies in fragenden Gesprächen in geschütztem Rahmen zu ergründen, indem er vorwurfsfrei seine Beobachtungen und Hypothesen über R.s Beweggründe schildert (► Kapitel »Beobachten und Bewerten«, ► Kapitel »Bedürfnisse«, ► Kapitel »Hypothetisieren«).

Kurzum: Christlich gesprochen muss V. abwägen zwischen »keine Verharmlosung der Sünde« (in Gestalt des Streuens rechter Parolen) und einem werbenden »Zugehen auf den Sünder« (R. als Mensch), ein Abwägen, das - mit anderem Vokabular - auch auf andere Kontexte und andere Religionsgemeinschaften übertragbar sein dürfte.

In jedem Fall dürfte eine Stärkung der Gemeinde insgesamt nichts schaden. Möglichst vielfältig und unter Einbeziehung möglichst vieler Mitglieder könnten neben den ohnehin schon bestehenden Angeboten zum Beispiel gegenseitige Besuche mit einer muslimischen Gemeinde, spielerische Aktionen zum Thema mit den Kinder- und Jugendgruppen, Vorträge zur (nicht erfolgten) Positionierung der Kirche im Dritten Reich oder Workshops zum Erkennen von und Umgang mit rechten Parolen durchgeführt werden (► Kapitel 2.1.1 »Vor einer Gruppe«).

2.1.3 Auf kollegialer Ebene

Mit Kolleg*innen ist es ähnlich wie mit Familienmitgliedern. Meistens kann man sie sich nicht aussuchen und ihnen auch nicht aus dem Weg gehen, es sei denn, Sie oder die Kolleg*innen wechseln die Abteilung oder kündigen. Es lohnt sich also, in ein gutes Klima zu investieren.

Wenn Sie über einen längeren Zeitraum blöde Sprüche, diskriminierende Witze, »zufällig« offen liegende Zeitungsseiten, Handzettel zu bestimmten Veranstaltungen, Werbeartikel bestimmter Parteien oder Gruppen, in WhatsApp-Gruppen weitergeleitete diskriminierende Kommentare/Fotos/Filme usw. ignorieren, wird es immer schwerer, wenn Sie irgendwann intervenieren wollen. Getreu dem Spruch »Wehret den Anfängen«: Lassen Sie es so weit also gar nicht erst kommen.

Unterscheiden Sie: Wird über *Ab*wesende gesprochen und sind dies ebenfalls Kolleg*innen, bekannte Kund*innen oder unbekannte Dritte (»*die* Hartzer«)? Wird mit oder über *An*wesende *direkt* (»Mit dem Schwarzkopf da mach ich keine Schicht!«) oder *indirekt* gesprochen (Witze über Menschen mit der gleichen Nationalität)?

Je nachdem, was gesagt wurde, beginnen Sie vielleicht erst einmal vorsichtig. Vielleicht meinte Ihr Kollege oder Ihre Kollegin es wirklich nicht so, plappert nur etwas nach, ist selbst verunsichert (► Kapitel »Niemand ist perfekt«). Achten Sie darauf, niemanden im Kolleg*innenkreis bloßzustellen. Das kann nach hinten losgehen, zu verfeindeten Lagern führen, zu Loyalitätskonflikten (»Zu wem hältst du, zu mir oder zu ihr?«), sogar zu Racheakten und Ihnen allen ein sachliches Arbeiten unmöglich machen. Vielleicht ist ein Gespräch unter vier Augen hilfreich: »Du, was du vorhin in der Dienstbesprechung gesagt hast, das fand ich etwas unglücklich. Ich wollte das aber nicht vor allen sagen.« Wenn Ihr Gegenüber diese Fürsorge merkt, ist es für den Inhalt vielleicht eher aufnahmebereit. Wenn Sie intervenieren und Dinge klar ansprechen wollen, trennen Sie dabei deutlich zwischen der Person und dem Gesagten. Mit der Person wollen/müssen Sie weiter arbeiten, das Gesagte möchten Sie nicht noch einmal hören.

Haben Sie jemanden im Kolleg*innenkreis, der oder die sich sehr bewusst und wiederholt deutlich rassistisch äußert, dann sollten Sie das auch genau so benennen, Vorgesetze, Vertrauensleute, Antidiskriminierungsstellen usw. einschalten (► Kapitel »Rückendeckung«). Machen Sie sich klar: Nicht *Sie* sind die Person, die jemanden anschwärzt, übertreibt, die Stimmung vergiftet (solche und weitere Vorwürfe können kommen, insbesondere in den sozialen Netzwerken). Auslöser ist jemand anderes.

Im Büro oder: Bedrohte Gewohnheiten

In der Institution, in der Frau T. arbeitet, werden in der Poststelle Geflüchtete eingestellt. Alle Mitarbeitenden erhalten die Info, sie mögen bitte aus Rücksicht nichts Handschriftliches, sondern nur noch Gedrucktes bzw. in Druckbuchstaben Geschriebenes weiterleiten. T. hat damit keinerlei Problem, aber unter ihren Kolleg*innen macht sich Unmut breit, es fallen einige sehr abschätzige Bemerkungen. T. fühlt sich unwohl, schließlich ist sie selbst zugewandert, hat einen Akzent. Sie ist verunsichert und schweigt.

Kommentar

Die Kolleg*innen können/wollen sich möglicherweise nicht vorstellen, wie es ist, wenn man eine neue Schriftsprache erlernen muss (und selbst wenn die Druckschrift bekannt ist: Handschriftliches in einer noch fremden Sprache zu entziffern, ist auch dann eine besondere Herausforderung). Zu einer gelingenden Integration/Inklusion gehören jedoch immer beide Seiten. Die Kolleg*innen verlangen von den Geflüchteten, dass diese sofort störungsfrei den neuen Job übernehmen können. Sie selbst sind aber nicht bereit, aus ihrer Komfortzone herauszukommen, um den neuen Kolleg*innen den Einstieg etwas zu erleichtern. T. hat berechtigterweise Bedenken, auf das Thema direkt einzugehen, denn die Kolleg*innen zeigen durch ihre Äußerungen, dass sie wenig kultursensibel sind. T. ist froh, dass sie selbst im Team gut klarkommt, und möchte das nicht aufs Spiel setzen. Aber ihr Schweigen bestätigt die anderen nur (► Prolog »Schweigen«).

Sie könnte einen Vergleich mit einem anderen Diversitätsaspekt ins Spiel bringen: »Stellt euch vor, jemand in der Poststelle hätte eine Sehbeeinträchtigung, und wir wären gebeten, alle etwas größer zu schreiben – wär doch auch kein Problem oder? Also, ich find's gut, wenn wir alle aufeinander Rücksicht nehmen, mir macht das nichts aus« (► Kapitel »Grundwerte und Political Correctness«, ► Kapitel »Umlenkung von Themen«).

Sie könnte auch unter einem Vorwand in den nächsten Tagen selbst in die Poststelle gehen und dann später im Team beiläufig erzählen, wie nett die Neuen seien.

Bei ihrer Leitung, der Gleichstellungsbeauftragten, dem Betriebsrat oder einer ähnlichen Stelle (► Kapitel »Rückendeckung«) könnte sie anregen, mit den Geflüchteten einen Rundgang durch die Institution zu machen und sie dann »zufällig« auch bei ihrem Team vorbeischauen zu lassen (Kontakthypothese, ► Kapitel »Mögliche Ursachen rechten Gedankenguts«). Generell könnte sie anregen, Mentor*innen für die neuen Kolleg*innen zu finden, und sich selbst zur Verfügung stellen.

Beim Betriebsausflug oder: Zwei gegen einen

Ein größerer Jugendhilfeträger mit mehreren Standorten lädt zum jährlichen Betriebsausflug. Kulturprogramm, Spaziergang, Ausklang im Biergarten. Man kommt von einem Thema zum nächsten, irgendwer erwähnt einen Diebstahl, da haut ein Kollege heftige Parolen gegen Sinti und Roma raus. Frau E. ist aus einem anderen Team. Für sie ist dieses Verhalten vollkommen inakzeptabel. Sie verändert sofort ihre Körperspannung, richtet sich auf und spricht klar und lauter als zuvor: »Wie kommen Sie zu dieser Idee?« Der Kollege beginnt seine Ansichten zu wiederholen, da mischt sich ein weiterer Mitarbeiter ein und bittet den Kollegen, solche pauschalen Angriffe doch bleiben zu lassen. E. bringt ein neues, für alle positiv besetztes Thema in die Runde ein.

Kommentar

E. hat keine Sekunde gezögert. Sie hat sich sofort positioniert, nicht nur verbal, sondern vor allem auch non- und paraverbal. Das ist nicht zu unterschätzen (► Kapitel »Status«). Dass sich ihr sofort ein weiterer Kollege anschloss, ist natürlich ein Glücksfall. Mehr war dann gar nicht mehr zu tun. Der Parolenredner hat gemerkt, dass er in dieser Runde keine Gleichgesinnten finden wird. Schnelles Handeln (► Kapitel »Fragen«), eine deutliche Positionierung (► Kapitel »Ab- oder Ausgrenzung?«) und ein wertschätzender Übergang durch das neue Thema weisen den Kollegen in die Schranken, ohne dass er zu sehr sein Gesicht verliert (► Kapitel »Wertschätzen«), und retten den Betriebsausflug, zeigen aber auch den anderen Kolleg*innen, dass für rechtes Gedankengut kein Platz ist.

Auf Station oder: Rassistische Diskriminierung
Frau A. kommt aus Kenia, hat dort Krankenpflege studiert und arbeitet nach längerem Berufs-Anerkennungsverfahren nun in einem Altenpflegeheim. Ein Bewohner weigert sich, sich von ihr waschen zu lassen. Eine sagt: »Für eine Schwatte machst du das ganz gut.« Andere rufen sie »Schoko« oder »Kenia«, obwohl sie immer wieder auf ihren Namen hinweist. Ein Angehöriger bringt Schokoschaumküsse für die Belegschaft mit: »Schauen Sie mal, Negerküsse, die mögen Sie doch bestimmt!« Als A. ihn freundlich darauf hinweist, dass man das so nicht mehr sage, erwidert der Angehörige: »Nun werden Sie mal nicht frech. Wir können Sie auch ganz schnell wieder zurückschicken …« Ihre Kolleg*innen reagieren zu allem achselzuckend und arbeiten weiter.

Irgendwann geht A. erschöpft zur Pflegedienstleiterin. Die sieht betroffen aus, sagt aber, dass die Bewohner*innen und Angehörigen das alles wahrscheinlich gar nicht so meinten. A. sei halt die erste »farbige« Mitarbeiterin, was sie selbst im Übrigen ganz toll finde, denn eine Afrikanerin hätten sie noch nicht gehabt, und sie seien jetzt so vielfältig. Auf das Verhalten der Kolleg*innen geht sie gar nicht ein.

Kommentar
Gegen die Bewohner*innen und Angehörigen wird A. allein kaum etwas ausrichten können, ihr fehlt jeglicher Rückhalt.

Die Kolleg*innen legitimieren die Beleidigungen durch ihr Schweigen. Würde man sie damit konfrontieren, würden sie vermutlich sagen, sie hätten doch gar nichts getan (eben! Siehe Molière-Zitat, ► Kapitel »Die Menge macht's«) und auch keine Vorbehalte gegen A. Die wiederum könnte nun ihre Beobachtungen aussprechen (► Kapitel »Beobachten und Bewerten«), schildern, wie es ihr damit geht, und die Kolleg*innen bitten, sich in sie hineinzuversetzen und ihr künftig beizustehen.

Die Leiterin wird ihrer Aufgabe nicht gerecht, sie schaut weg und diskriminiert A. auf positive Art. Damit ist sie für A. keine Hilfe. A. könnte das gleiche Gespräch wie mit den Kolleg*innen also auch mit ihr führen. Sie hat nichts zu verlieren. Unangenehmer kann es kaum noch werden. Notfalls muss sie kündigen. Unterstützung sollte sie auf jeden Fall bei einer Antidiskriminierungsstelle suchen.

Nicht nur aufgrund des Angewiesenseins auf zugewanderte Mitarbeitende infolge des Fachkräftemangels, sondern als Selbstverständlichkeit sollte darauf geachtet werden, dass jemand wie A. weder als Exotin noch als namenlose Gestalt oder schlimmer behandelt wird. Für die Mitarbeitenden könnten Workshops durchgeführt, Bewohner*innen und Angehörige in Aufnahmegesprächen auf ein multikulturelles Team hingewiesen werden. Von der Leitung abwärts muss sich eine Einrichtung als Ganzes dem Thema stellen.

2.1.4 Unter Vorgesetzten

Wenn die eigenen Vorgesetzten rechtes Gedankengut von sich geben, einen mit Parolen konfrontieren, ist die Reaktion schwierig, denn man befindet sich in einem hierarchischen Abhängigkeitsverhältnis. Hier ist Fingerspitzengefühl gefordert, wie weit man sich positionieren *kann,* ohne Nachteile befürchten zu müssen. Oder wie weit man sich im Sinne eines friedvollen Zusammenlebens positionieren *muss* – leider mit dem Risiko der schlechteren Benotung/der Bloßstellung im Team/der Aufstiegsverhinderung/des Jobverlusts, aber dafür auch mit der Gewissheit, für die Demokratie eingestanden zu sein, ein Zeichen gesetzt zu haben, für das Kollegium, für sich selbst.

An der Uni oder: Hilfe durch Strukturen

Herr N. studiert und steht kurz vor seiner Abschlussarbeit. Seine Professorin, eine angesehene Vertreterin ihres Faches, äußert sich im Seminar wiederholt über bestimmte Gruppen stark abwertend. N. ist empört und gleichermaßen verunsichert, was er tun soll. Kommiliton*innen, die er anspricht, beschwichtigen ihn, *er* würde übertreiben, so schlimm sei das doch gar nicht, und einige finden die Professorin gerade wegen ihrer Äußerungen »cool«. Schließlich tut N. nichts. Er ärgert sich zwar darüber, möchte aber seine berufliche Zukunft nicht gefährden.

Kommentar

Das Verhalten von N., die eigene Karriere nicht aufs Spiel setzen zu wollen, ist nachvollziehbar. Gut ist, dass er versucht, die anderen Studierenden für das Thema zu sensibilisieren, sodass die Äußerungen der Professorin nicht völlig unwidersprochen bleiben.

Dennoch hätte N. noch einige weitere Möglichkeiten. Viele Hochschulen beschäftigen sich heute mit dem Thema Diversity und entsprechendem Diversity Management, das unterschiedlich institutionalisiert sein kann. Es gibt Ansprechpartner*innen, Personalräte, Gleichstellungs-/Behindertenbeauftragte usw. Alle Hochschulen haben eine Antidiskriminierungsstelle. Diese sind eigentlich nur für Beschäftigte zuständig, viele Hochschulen haben sie aber inzwischen auch für die Beratung von Studierenden geöffnet. Gezielte Ansprechpartner*innen für Studierende sind zudem die Allgemeinen Studierendenausschüsse (AStA) sowie Studierendenvertretungen, die von sich aus zum Thema »Umgang mit rechts« Veranstaltungen und Beratungen anbieten. Einige Hochschulen haben sich durch die Unterzeichnung der »Charta der Vielfalt« positioniert. Es gibt Labels wie »Weltoffene Hochschule«, das viele angenommen haben. Einzelne führen eigene Kampagnen durch. All diese Strukturen sollten ein Verhalten wie das der Professorin von vornherein verhindern bzw. unterbinden, wenn sie davon Kenntnis erlangen (► Kapitel »Rückendeckung«).

2.2 Außerhalb des beruflichen Kontextes

2.2.1 In der Öffentlichkeit

Der Schutz und Erhalt der Demokratie, eine Gesellschaft, in der jede und jeder, die bzw. der sich an die Regeln hält, einen Platz hat, ein angstfreies Klima, ein Schutz von Minderheiten … Das alles sind gesamtgesellschaftliche Aufgaben und Ziele, das geht uns alle an – und das braucht uns alle. Wenn wir den öffentlichen Raum nicht den Parolenredner*innen überlassen wollen, dann ist jede noch so kleine Intervention, jedes Zeigen von Haltung wichtig und wertvoll.

Die Grenzen des Sagbaren und Duldbaren haben sich in der letzten Zeit verschoben. So werden Sie im öffentlichen Raum – leider – viele Gelegenheiten finden, in denen Sie ein Statement setzen können. Tun Sie's! Natürlich ohne sich in Gefahr zu bringen.

Am Bahnhofsschalter oder: Ein Statement setzen

S., tätig in einer LSBTTIQ-Beratungsstelle, steht am Schalter eines großen Bahnhofs und kauft eine Fahrkarte. Am Nebenschalter wird gerade die neue Nummer aufgerufen. Ein Herr im gut sitzenden Anzug nebst junger Dame, seine Tochter, wie sich später herausstellt, kommt, zeigt seine gezogene Nummer vor und beginnt das Gespräch mit der

Angestellten. Da kommt eine in bunten Farben gekleidete Frau mit dunklem Teint und legt am selben Schalter ebenfalls ihre gezogene Nummer vor. Die Angestellte weist sie nett darauf hin, dass sie Nummer 1248 habe, nicht 1246, wie gerade aufgerufen, und wendet sich wieder dem Herrn zu. »Oh, Entschuldigung«, sagt die Frau und geht wieder zurück zu den Wartebänken.

So weit, so gut, könnte man meinen. Doch der Herr kann sich einen lauten Kommentar offenbar nicht verkneifen: »Kein Wunder. *Die* verstehen so was ja nicht. Da bräuchte man wohl Piktogramme.« S. ist entrüstet und spricht ihn an: »Entschuldigen Sie, ich würde Sie bitten, solche Äußerungen zu lassen. Danke schön.« Der Herr ist sichtlich erbost, guckt abschätzig an S. herunter und entgegnet: »Ich kann hier sagen, was ich will. Hier ist schließlich Meinungsfreiheit!« S. versucht zu erklären, dass dies keine Meinung sei, sondern eine Beleidigung, und der Herr die Frau doch gar nicht kenne. Da mischt sich die Tochter ein, nimmt ihren Vater in Schutz, indem sie erklärt, er habe nichts gegen Ausländer, sie habe schließlich eine venezolanische Mutter, und endet in einem »Noch Fragen?«, gepaart mit einem ziemlich provokanten Blick. S. fällt jetzt kein passender Spruch mehr ein und kauft erst mal die Fahrkarte, ärgert sich aber, wie das Gespräch ausging, und grübelt weiter. Schließlich fragt S. am Ende des Verkaufsgesprächs die Bahnangestellte: »Sagen Sie mal, kommt das eigentlich öfter vor, dass jemand mit der falschen Nummer kommt?« »Ja, laufend, wieso?« Es zeigt sich, dass die Angestellte hinter dem Tresen die Ursache für den Disput von S. mit dem Herrn gar nicht richtig mitbekommen hat, eine Säule versperrt ihr den Blick auf die Kundschaft des Nachbarschalters. S. ist es wichtig, dass die Angestellte versteht, worum es ging. Beide sind sich einig, dass so eine Äußerung nicht okay sei. S. geht davon aus, dass die beiden Angestellten sich später möglicherweise über den Vorfall unterhalten, und möchte ein Statement setzen. Beim Gehen wünscht S. dem Herrn mit bewusst freundlichem Ton eine gute Reise, was dieser unbeantwortet lässt.

Kommentar
S. gehört zu denen, die nicht weghören oder -sehen wollen, auch aus Gründen häufiger eigener Diskriminierungserfahrungen. Der Ton hätte weniger scharf sein können. Anstatt den Herrn zurechtzuweisen – so

etwas provoziert häufig eine Gegenreaktion, denn wer wird schon gern von Fremden gemaßregelt, noch dazu vor der eigenen Tochter (► Kapitel »Wertschätzen«) –, hätte S. sagen können: »Oh, ich glaube, die Dame hat ihre Lesebrille vergessen, das ist mir neulich auch passiert« (S. trug in diesem Augenblick eine Lesebrille). Dass die Tochter zu ihrem Vater hält, ist nachvollziehbar. Dass aber die eigene Partner*innenwahl oder die Herkunft der Eltern einen per se zu einem Menschen macht, der sich gar nicht rassistisch oder sonst wie diskriminierend äußern *kann,* ist natürlich Quatsch (► Kapitel »Niemand ist perfekt«, ► Kapitel »Stereotype«). Auf das provokante »Noch Fragen?«, das die Wirkung eines Totschlagarguments haben sollte, hätte S. entgegnen können: »Ja, immer mehr. Aber ich glaube, wir kaufen jetzt erst mal beide unsere Fahrkarten.«

In der U-Bahn oder: Paradoxe Intervention für den Querulanten

Die gelernte Erzieherin und Psychologin G. kommt gerade von einer Fortbildung, in der sie mit einem Kita-Team zu Diversitätsaspekten gearbeitet hat. Sie ist also mitten im Thema, aber jetzt einfach nur müde und lässt sich auf einen freien U-Bahn-Sitz fallen. An der nächsten Tür ist eine ältere Frau mit langem Mantel und Kopftuch eingestiegen. Sie setzt sich auf den letzten freien Platz nahe der Tür. Gegenüber sitzt ein älterer Herr, sichtbar in keinem guten Gesundheitszustand, vom äußeren Erscheinungsbild her vermutlich eher einem prekären Milieu zuzuordnen. Augenblicklich beginnt er, auf die Frau einzureden, sie zu beschimpfen, ihre Religion zu beleidigen. Sie entgegnet nichts, schaut unsicher aus dem Fenster. G. nimmt den Redefluss wahr, erfasst die Situation, ist hin- und hergerissen zwischen »Kann ich nicht einmal Feierabend haben? Es stehen doch genug Leute drum herum, sollen die doch was tun!« und »Ich kann nicht im Seminar andere zum Einstehen für Werte aufrufen und dann selbst nichts tun. Außerdem mal wieder typisch: Alle schauen weg!« Bei der nächsten Haltestelle wird ein Platz schräg gegenüber dem Herrn frei, dazwischen ist der Gang. G. hat sich noch keinen Plan zurechtgelegt und handelt spontan. Sie hat nur ein Ziel: Sie will, dass das Gerede aufhört. Sie steht auf, setzt sich auf den frei gewordenen Platz, beugt sich mit freundlich-besorgter Miene vor und fragt den Herrn: »Entschuldigen Sie, brauchen Sie Hilfe? Ist alles in Ordnung? Hat die Frau Sie beleidigt?« Der Mann ist sichtlich perplex, grummelt etwas vor sich hin, G. wiederholt: »Wenn ich etwas für Sie tun kann, sagen Sie es mir.« Das Gegrummele wird zunehmend weniger, die Schimpferei hört auf. G. lächelt die Frau an, deren Körper scheint sich zu entspannen. Von den anderen Fahrgästen kommt weiterhin nichts. Zufällig steigen die Frau und G. an derselben Haltestelle aus. Die Frau entgegnet etwas in gebrochenem Deutsch und schaut G. mit einem Blick voller Dankbarkeit an, der G. für das verpasste Ausruhen während der U-Bahnfahrt mehr als entschädigt.

Kommentar
G. hat sofort verstanden: Der Klassiker – jede Menge Leute, niemand tut was (► Kapitel »Die Menge macht's«). Sie ging aufgrund seines Erscheinungsbildes davon aus, dass ihr von dem Herrn keine »wirkliche« Gefahr drohen würde. Zudem gab es keine Hinweise auf eine mögliche Verschärfung des Konflikts (► Kapitel »Wenn es doch eskaliert ...«). Sie ist vom Muster, zunächst das Opfer zu schützen (► Kapitel »Opfer-Täter*innen-Dritte«), abgewichen und hat mit dem Mittel der Überraschung gearbeitet (► Kapitel »Irritationen«). Ihr Ziel, dass die Beschimpfung aufhört, hat sie erreicht, ebenso die beschimpfte Frau. Auch wenn diese vermutlich nicht jedes Wort verstanden haben wird: Sie hat gemerkt, dass sich ein fremder Mensch für sie eingesetzt hat. Ob G. auch die Umstehenden erreicht hat, ist nicht zu sagen.

G. wusste vorher nicht, ob ihre Intervention klappen würde. Das wissen Sie nie. Egal ob Sie »lehrbuchmäßig« vorgehen oder improvisieren.

Im Stehcafé oder: Bedürfnisse erkannt

Das Stehcafé ist gut besucht. Unterschiedlichste Menschen, allein, zu zweit, lesend, in die Luft guckend, sich in Zimmerlautstärke unterhaltend, eine Frau versucht leise zu telefonieren. Dazu drei schwarze Männer, die in einer vermutlich afrikanischen Sprache für hiesige Verhältnisse sehr laut und ohne Pause kommunizieren und gestikulieren. Die telefonierende Frau versteht kaum ihr eigenes Gespräch, wirkt zunehmend genervter, bis sie schließlich die drei anschnauzt: »Könnt ihr nicht wenigstens deutsch reden? Wegen Leuten wie euch hat mein Sohn keine Arbeit mehr!« Die drei Männer setzen ihr Gespräch unbeirrt fort, es ist unklar, ob aus Dreistigkeit oder weil sie die Zurechtweisung gar nicht verstanden haben. Der Rest der Kundschaft schaut auffällig unauffällig in andere Richtungen. Außer U., eine angehende Familientherapeutin. Sie erinnert sich an ihre letzte Weiterbildung und probiert sich aus. »Ist es verunsichernd für Sie, wenn Sie Leute hören, die Sie nicht verstehen?«, spricht sie die Frau an, die ihr Telefonat inzwischen entnervt aufgegeben hat. »Ja«, entgegnet diese ruhig. U. fragt weiter: »Kann es sein, dass Sie Angst haben, dass Ihr Sohn keine Arbeit findet?« Die Frau beginnt zu weinen. Als die Tränen getrocknet sind, sagt sie entschuldigend: »Ich hab's ja nicht so gemeint. Aber manchmal ist alles so schwer.« Die beiden reden noch eine Weile.

Kommentar
U. hatte den richtigen Instinkt und die richtigen Worte gefunden. Bei der Frau lagen einfach die Nerven blank. Sie hatte ihren Sohn am Telefon, verstand ihn kaum und war hilflos, wütend und voller Zukunftsangst zugleich. U. hat nicht belehrt oder beschuldigt, sondern Hypothesen aufgestellt, gefragt, Empathie gezeigt und mögliche Bedürfnisse und Ängste angesprochen (► Kapitel »Beobachten und Bewerten«, ► Kapitel »Hypothetisieren«, ► Kapitel »Wertschätzen«, ► Kapitel »Bedürfnisse«). Die Frau war im Nachhinein selbst über ihre Wortwahl erschrocken.

2.2.2 Im Privatleben

Aus beruflichen oder auch ehrenamtlichen Kontexten sind Sie möglicherweise einiges gewohnt, Sie haben die eine oder andere Herausforderung gut gemeistert und daraus gelernt, Sie haben sich für häufiger vorkommende »typische« Situationen Handwerkszeug zurechtgelegt.

Doch nun sagt Ihre beste Freundin etwas, das Sie nie von ihr erwartet hätten. Ihre Schwägerin äußert sich bei der großen Familientafel auf einmal extrem rechts. Beim Sprachkurs beginnt die sonst so freundliche Sitznachbarin, Sie mit wirren Phrasen zuzutexten.

Das erwischt Sie womöglich eiskalt und lässt Ihnen äußerlich oder innerlich die Kinnlade herunterklappen. Warum?

1. Es ist doch Ihre Profession, Ihr Herzblut, sich um hilfsbedürftige Menschen zu kümmern. Dafür geben Sie viel. Auch wenn der Spruch Ihres Gegenübers vielleicht eher allgemeiner Natur war, Sie beziehen das auf Ihre Tätigkeit und damit auf sich.

Oder schlimmer: Sie werden sogar offen für Ihr Engagement angegriffen. Das haben Sie nicht verdient, denken Sie. Wut, Frust, aber auch Enttäuschung, dass eine geliebte, nahestehende Person in *Ihrem* Umfeld so denkt, mischen sich in Ihnen und machen Sie unfähig zu reagieren.
2. Woanders, im Job, ja, da kann so was vorkommen, da können Sie gut kontern, wie Sie sich schon so viele Techniken angeeignet haben. Aber nun ist es plötzlich ganz nah dran. Gerade weil Sie ein Profi sind, müssten Sie doch auch jetzt in der Lage sein, die Situation zu meistern. Das erwarten Sie von sich. Weil Ihnen das aber nicht gelingt, sind Sie umso enttäuschter von sich.
3. Sofern die Äußerungen in einer vertrauten Runde fallen: Die Umstehenden werden von Ihnen nun sicher erwarten (so zumindest Ihre Vermutung), dass Sie die Situation gekonnt auflösen werden. Wenn nicht Sie, wer dann? Das erzeugt Druck. Eigentlich bräuchten jetzt Sie selbst Unterstützung von einer aber womöglich ebenso erstaunten und sprachlosen Familie oder Clique. Sie fühlen sich zunehmend hilfloser.

Die erwähnten Gefühle sind unreflektiert keine guten Ratgeber für das, was Sie womöglich unwillkürlich tun: Sie gehen in einen Verteidigungsmodus, werden belehrend (Eltern-Ich statt Erwachsenen-Ich), alles wird nur noch schlimmer. Die Stimmung ist dahin, die Situation eskaliert, bis dahin gute Beziehungen sind mit einem Schlag kurz vor dem Auseinanderbrechen.

Beim Vereinsfest oder: Parolenhopping eines Parteimitglieds

B. geht mit ihrer Familie zum Sportvereinsfest. Raus aus dem Arbeitszimmer, weg vom Stapel zu korrigierender Hausarbeiten ihrer Studierenden. Sie freut sich auf einen entspannten Nachmittag mit ihrem Mann, selbst gebackenem Kuchen, Dosenwerfen mit dem Sohn, Gesprächen mit den Frauen aus der Pilatesgruppe. Als sie einen Moment allein sitzt, gesellt sich eine entfernte Bekannte zu ihr. Was als netter oberflächlicher Small Talk beginnt, entwickelt sich langsam zu einer Tortur für B. Die Bekannte kriecht förmlich in sie hinein, versucht ihr mit Horrorgeschichten über Zugewanderte Angst zu machen, springt von einem rechtspopulistischen Thema zum nächsten. B. kann kaum folgen, immer wenn sie etwas entgegnet, ist die Bekannte schon ein Thema weiter. B. denkt nur noch: »Hilfe! Kann mich hier jemand rausholen?« Aber sie muss sich allein helfen, denn trotz der vielen Menschen bemerkt offenbar niemand ihre Nöte, und auch ihr Mann ist nicht in Sichtweite. Schließlich wird sie ärgerlich, obwohl sie nach wie vor zu der Bekannten nett sein will. Sie sagt, sie habe noch großen Hunger und müsse sich nun unbedingt etwas holen. Sie steht auf und ist völlig aufgewühlt.

Zu einem späteren Zeitpunkt stellt sich die Zugehörigkeit der Bekannten zu einer rechtspopulistischen Partei heraus, was keine Fragen mehr offen lässt. B. grüßt sie weiterhin, wenn sie sie zufällig sieht, vermeidet aber näheren Kontakt. Stattdessen versucht sie, im gemeinsamen Umfeld Statements zu setzen.

Kommentar

Ein klarer Fall von Parolenhopping, doch B. kannte diese Technik nicht (► Kapitel »Parolenhopping«). So hat sie weder frühzeitig ein Statement gesetzt (► Kapitel »Ab- oder Ausgrenzung?«) noch eine Notlüge genutzt und auch nicht bei einem Thema nachgehakt, sondern viel zu lange versucht, dem Redeschwall zu folgen. Dabei ärgert sie sich maßlos über sich selbst. Als Dozentin für Soziale Arbeit kennt B. sich mit etlichen der angesprochenen Themen aus, ist aber so unvermittelt außerhalb ihres beruflichen Kontextes – und noch dazu von einer Frau, die sie einigermaßen zu kennen glaubte – auf dem falschen Fuß erwischt worden, dass sie überhaupt nicht zum Zug kommt. Ihr Mann sagt später noch, er habe sie im Gespräch mit der Bekannten gesehen und auch mal Wortfetzen wie »Islam« oder »Flüchtlinge« aufgeschnappt. Da er jedoch weiß, dass seine Frau sich mit solchen Themen beruflich beschäftigt, ging er von einer zwar sehr engagierten, aber fachlichen Unterhaltung aus.

Die Idee, später positive Botschaften im gemeinsamen Bekanntenkreis zu streuen, ist gut, denn da kann B. Menschen erreichen (gesellschaftliches Umfeld, ► Kapitel »Wer ist Ihr Gegenüber?«).

Auf der Straße oder: Die Familie kritisiert die Zivilcourage

Frau O., eine aus Eritrea stammende Gesundheitsmediatorin, die sich für andere Zugewanderte engagiert, wartet mit Familienangehörigen (Schwestern, Schwägerin, Schwiegermutter) an einer belebten Straße auf den Bus. Sie hört, wie nur einige Meter weiter ein paar Jugendliche einen Obdachlosen beschimpfen und ihm Gewalt androhen: »Verpiss dich, du Abschaum. So was hätte es unter Hitler nicht gegeben ...« O. ist entsetzt, geht hin, stellt sich schützend vor den Obdachlosen und weist die Jugendlichen zurecht. Diese kommen ihr bedrohlich nahe, doch sie hält stand. Mit ein paar Beschimpfungen für O. (»Negerschlampe« usw.) ziehen sie ab.

O. ist zufrieden, nickt dem Obdachlosen noch kurz zu, geht zurück zu ihren Angehörigen an die Haltestelle, als wäre nichts gewesen. Für sie war es eine Selbstverständlichkeit zu helfen.

Doch jetzt passiert, womit sie nicht gerechnet hat und was für sie das eigentliche Problem wird: Ihre Familie fängt an, ihr Vorwürfe zu machen. Sie hätte das nicht tun sollen, sie habe sich selbst und die Familie in Gefahr gebracht, immer müsse sie sich einmischen.

O. ist perplex. Beschimpfungen, Rassismus, Diskriminierung – das ist sie mit ihrer Familie gewohnt. Sie sind schwarz, tragen Kopftuch. Aber dass nun die eigene Familie sich auf »die andere Seite« schlägt? O. ist irritiert und sehr verletzt.

Kommentar

O. hat Mut bewiesen und Glück gehabt. Sie ist ein Alpha-Typ (► Kapitel »Typenkunde«). Sie ist es gewohnt, allein zu handeln, und hat in ihrem Leben schon viel Stärke gezeigt bzw. auch zeigen müssen (Flucht mit zwei kleinen Kindern, Nachholen der Familie, Erlernen der Sprache, prekäre Nebenjobs usw.). Sie kennt Armut und fühlt sich daher mit dem Obdachlosen verbunden.

Doch auch eine noch so taffe Frau sollte sich und andere nicht in Gefahr bringen – O. hat in der beschriebenen Situation keine Unterstützung durch andere gesucht, keine Reflexion der eigenen Emotionen stattfinden lassen, ist zu nah an die Täter herangetreten, hat diesen keine Handlungsalternative gegeben, keine Möglichkeit, das Gesicht zu wahren, usw. (► Kapitel »Wertschätzen«, ► Kapitel »Wenn es doch eskaliert ...«). So ist die Familie nun möglicherweise tatsächlich in Sorge gewesen. Wenn das zutrifft, war es für O. allerdings nicht erkennbar, denn statt »Wir hatten große Angst um dich« (Selbstoffenbarungs-/Beziehungsebene, ► Kapitel »Die vier Ebenen«) hieß es »Musst du dich überall einmischen?« (Appellebene).

Ein anderer Aspekt, der bei der Reaktion von O.s Familie eventuell eine Rolle spielt: eine Mischung aus Bewunderung, Neid und Scham aufseiten ihrer Angehörigen. Was O. schon alles auf die Beine gestellt hat, wie sie sich für andere einsetzt, wie sie immer allen ein paar Schritte voraus ist – das kann Familie, Freund*innen, Kolleg*innen auf unangenehme Weise einen Spiegel vors Gesicht halten, nämlich dass sie selbst nichts oder viel weniger dergleichen tun. Um davon abzulenken und sich mit dem Gefühl der eigenen Unzulänglichkeit nicht weiter auseinandersetzen zu müssen, wird dann lieber die andere Person für ihr »übermäßiges« Handeln kritisiert. Ein offenes Gespräch über die dem Verhalten jeweils zugrunde liegenden Gefühlslagen könnte helfen. Den Beginn könnte O. selbst machen, indem sie vorwurfsfrei ihre Wahrnehmung schildert: »Ihr kennt mich ja, ich bin sehr impulsiv, kann Ungerechtigkeit nicht ertragen und will überall helfen. Ich weiß gar nicht, wie das bei euch ankommt. Vielleicht überschreite ich da manchmal ein paar Grenzen oder trete jemandem auf die Füße, ohne es zu merken. Sagt mir doch bitte mal, wie ich in solchen Situationen auf euch wirke …« (► Kapitel »Beobachten und Bewerten«, ► Kapitel »Fragen«).

Unterm Weihnachtsbaum oder: Aufgestaute Wut löst sich nicht mit netten Worten

Die Kerzen brennen, das Geschenkpapier liegt auf dem Boden, die Kleinkinder sind im Bett, das Raclette ist angerichtet, dazu ein guter Wein, wahlweise Bier. Familie M. sitzt mit neun Personen am Tisch, die Gespräche überlappen sich, im Hintergrund läuft »O du fröhliche« in Dauerschleife. Irgendwann kommt, womit F. schon gerechnet hatte. Sein Onkel E. fragt über den Tisch hinüber: »Sag mal, hilfst du immer noch den Bekloppten?« Die anderen Gespräche verstummen. »Ich mache ein FSJ in einer Einrichtung für geistig Behinderte …« »Oh, Entschuldigung, da nehmt ihr Jungen es ja sehr genau.« F. versucht abzulenken und fragt seine Schwägerin, ob noch mehr Brokkoli da sei. Die beiden verschwinden in der Küche. »Oh, dem feinen Herrn ist unsre Wurst wohl nicht gut genug, auch noch Veganer geworden, oder was? Welt retten und so!«, ruft E. hinterher. F. kommt mit einem Schälchen voller Brokkoli zurück. Tief durchatmen, denkt er. »Du isst deine Wurst und ich meinen Brokkoli, okay?« E. schnappt nach Luft, doch bevor er etwas sagen kann, fasst seine Schwester seine Hand und sagt: »Ist doch schön, dass heute Abend jeder essen kann, was er will.« »Nichts ist schön!«, platzt E. los. »Euer ganzes Gutmenschentum kotzt mich an. Statt dass euer Sohn was Anständiges lernt, hängt er mit diesen Verrückten zusammen, rennt freitags wie diese Schwedin rum, und hier im Dorf treibt sich das Asylantenpack rum, und keiner von denen da oben kümmert sich.« »Och, jetzt verdirb doch nicht die schöne Stimmung«, versucht es seine Frau. »Schöne Stimmung? Seit die hier sind, krieg ich kein Auge mehr zu!« Oma mischt sich ein: »Müsst ihr denn immer so streiten? Grad an Weihnachten.«

Kommentar

Dass sich übers Jahr verdrängte Konflikte von sich teils selten sehenden Familienmitgliedern nicht unterm Tannenbaum in Luft auflösen, ist bekannt (Gleiches gilt natürlich auch für entsprechend große und emotional aufgeladene Feste in jeder anderen Kultur bzw. Religionsgemeinschaft).

Die einzelnen Familienmitglieder machen hier durchaus Versuche zur Befriedung. Doch die jeweils gut gemeinten Interventionen sind in sich unkoordiniert und wiederholen sich, was sie für E. negativ verstärkt.

F. versucht, nicht emotional zu werden (tief durchatmen), seinen Onkel auf der Sachebene zu korrigieren (korrekte Benennung der Klientel des Betriebes), abzulenken (Frage nach Brokkoli, in die Küche gehen) und Gemeinsamkeiten zu finden (jeder hat einen anderen Geschmack, dein Essen – mein Essen). Doch ein gewisser genervter, belehrender Unterton ist nicht zu überhören. Die einzelnen Reaktionen greifen nicht stimmig ineinander. Der Brokkoli ist zudem schlecht gewählt (für einen passionierten Fleischesser). Dem Onkel unaufgefordert noch ein Bier aus dem Keller zu holen hätte diesem vermutlich mehr gefallen. F.s Mutter versucht es mit Verbindendem (jeder kann essen, was er will), doch E.s Hand zu nehmen macht ihn lächerlich. E. wird zudem beschuldigt, er verderbe die Stimmung (seine Frau), er müsse immer (!) so streiten (seine Mutter).

Kurzum: Natürlich sind Wortwahl und Inhalt der Aussagen des Onkels nicht in Ordnung. Deutlich auch, dass er gleich mehrere Gruppen verachtet. Doch aus seiner Sicht interessiert sich niemand für seine Bedürfnisse und Interessen (Sorge, dass aus seinem Neffen nichts wird, Sorge um das Wohlergehen des Dorfes, ► Kapitel »Bedürfnisse«). Er fühlt sich zu Unrecht an den Pranger gestellt (die Schuldigen sind aus seiner Sicht die Asylbewerber*innen, Klimademonstrant*innen, nicht handelnden Politiker*innen und zu allem Übermaß seine eigene Familie).

Da in den meisten Familien bekannt ist, welche Themen aufs Tapet kommen können, wer welche Ansichten hat, wer leicht reizbar ist usw., wäre es gut investierte Zeit, sich im Vorfeld abzusprechen und für den Fall des Falles eine Strategie auszumachen. Möglich ist auch, schon zu einem früheren Zeitpunkt unter vier Augen etwas anzusprechen, nach Bedürfnissen zu fragen, Bitten für das Fest zu formulieren, gegebenenfalls Debatten auf einen konkreten Zeitpunkt nach dem Fest zu terminieren und nicht zu hoffen, dass der Abend schon irgendwie gut gehen wird (► Kapitel »Bedürfnisse«, ► Kapitel »Bitten«, ► Kapitel »Was ist Ihr Ziel?«).

Bei stark hierarchisch-patriarchalisch geprägten Familien ist zu beachten, wer überhaupt was sagen kann bzw. »darf«. F.s Satz »Du isst deine Wurst und ich meinen Brokkoli, okay?« wäre da vielfach schon eine als dreiste Anmaßung empfundene Grenzüberschreitung. Eine gleichberechtigte Kommunikation auf Augenhöhe mit E. stünde F. aufgrund des Altersunterschiedes nicht zu (große Machtdistanz). Das kann man in Frage stellen. Ob es jedoch klug ist, das bei einer solchen Gelegenheit vor allen Anwesenden zu tun, ist gut zu überlegen.

3 Übungen und Anregungen

Ob Klärung von Begriffen, gedankliches Durchspielen von Situationen, Üben vor dem Spiegel, Online-Angebote zum Selbsttrainieren – das ist alles sehr hilfreich. Aber nichts kann Ihnen ein Gegenüber wirklich ersetzen. Darum nehmen Sie auch an entsprechenden Fortbildungen teil, üben Sie mit Vertrauten, tauschen Sie sich mit Gleichgesinnten aus und erproben Sie sich im Alltag.

3.1 So können Sie allein üben

Stereotype hinterfragen

Reflektieren Sie Ihre eigenen Stereotype. Überlegen Sie, woher Sie sie haben. Wie das Ihre Wahrnehmung im Beruf und Alltag beeinflusst. Wie damit in Ihrem Arbeits- und privaten Umfeld umgegangen wird. Welche Klischeebilder in den Medien, die Sie konsumieren, auftauchen. Je bewusster Ihnen das ist, umso eher sind Sie in einer »heiklen« Situation gefestigt, einem Parolen schwingenden Gegenüber nicht auf den Leim zu gehen.

Ängste aufspüren

Machen Sie sich Ihre eigenen Ängste deutlich – den Arbeitsplatz zu verlieren, keinen bezahlbaren Kita-Platz zu erhalten, keine Wohnung zu finden. Für solche Themen sind auch Sie »anfällig«. Das weiß Ihr Gegenüber womöglich oder spürt es an Ihren unbewussten, nonverbalen Reaktionen (größere Augen, Mundöffnen, Gesichtsfarbenwechsel usw.). Überlegen Sie, was diese Ängste real mit zugewanderten Menschen oder anderen diffamierten Gruppen zu tun haben (wenig bis gar nichts). So sind Sie gewappnet, wenn jemand Sie auf diesem Fuß erwischen will.

Körper kontrollieren

Sie wissen von sich selbst, dass Ihre Stimme schrill und die Sprache schnell wird, dass Sie mit den Armen fuchteln, dass Sie immer mehr in sich zusammensacken, wenn Sie sich rechtfertigen wollen oder müssen? Stellen Sie sich vor den Spiegel und versuchen Sie, mit klarer Stimme einem Parolen schwingenden imaginären Gegenüber inhaltlich die Meinung zu sagen oder auch nur ein Statement zu setzen.

Begriffe klären

Notieren Sie Begriffe, die Ihnen missfallen, die Sie in beruflichen, öffentlichen sowie privaten Situationen gehört oder gelesen haben. Überlegen Sie, wie *Sie* die Begriffe benutzen. Schlagen Sie nach, welchen Ursprung diese Begriffe haben, wie sie genutzt, gegebenenfalls missbraucht werden und vor allem, welche Alternativen es gibt (zum Beispiel im NdM-Glossar [Neue deutsche Medienmacher]). Prägen Sie sich einige Beispiele ein.

Bilder erfinden

Wenn Sie Sprache lieben, (er-)finden Sie eigene Frames, Metaphern, Komposita, die nicht diskriminierend sind. Diese Bilder können in Ihrem Argumentationsgepäck landen und bei Bedarf benutzt werden.

Werte definieren

Überlegen Sie, welche Werte Ihnen besonders wichtig sind – Freiheit, Gleichberechtigung usw. Suchen Sie eine für sich passende Formulierung, gern mit einem Zitat eines bekannten, als (moralische) Instanz »anerkannten« Menschen versehen, ohne dass es zu abgehoben wirkt. Diese Formulierung können Sie dann immer im Hinterkopf parat haben und gegebenenfalls als Kernaussage nutzen.

Schockstarre überwinden

Achtung! Lesen Sie ab hier Zeile für Zeile und verdecken Sie den Rest des Textes. Stellen Sie zunächst eine Stoppuhr auf zehn Sekunden. Es folgen gleich mehrere rechte Parolen. Lesen Sie die erste laut vor. Starten Sie anschließend die Stoppuhr und antworten Sie sofort (!) laut auf die Parole, maximal so lange, bis es piept. Danach die nächste, die nächste usw. Zunächst ohne Pause. Machen Sie nach fünf Parolen eine Pause. Reflektieren Sie, welche Muster Sie erkannt, welche Strategie(n) oder Kommunikationsform(en) Sie genutzt haben, was gut gelang, woran Sie arbeiten könnten, wozu Sie recherchieren wollen. Es geht nicht darum, dass eine Antwort »perfekt« gelingt, sondern dass Sie üben, Ihren ersten Schreck zu überwinden und überhaupt zu reagieren. Los geht's …

»Wir müssen diesen ganzen Genderquatsch abschaffen. Die Frau muss wieder gemäß ihrer biologischen Bestimmung leben können.«
»Wenn ich in der U-Bahn sitze, hör ich überhaupt kein Deutsch mehr.«
»Unter Hitler gab es wenigstens Ordnung.«
[an der Kasse]: »Was diese Flüchtlinge sich alles leisten können – von unserm Geld.«
»Die wollen uns alle zum Islam bekehren. Es gibt ja schon kein Schweinefleisch mehr in der Kita. Und Weihnachten wird auch nicht mehr gefeiert.«
»Ich hab nichts gegen Schwarze. Aber ich lass mir doch von denen nicht verbieten, ›Negerkuss‹ zu sagen.«
»Lügenpresse.«
»Die Juden hier soll'n mal schön ruhig sein, bei deren Siedlungspolitik.«
»Die Obdachlosen sollen endlich aus der City verschwinden. Woanders würde mit denen kurzer Prozess gemacht.«
»Die Moslems wollen hier die Scharia einführen.«
[Ende des Zweiten Weltkriegs aus Ostpreußen geflüchtete Person]: »Uns hat damals auch keiner geholfen.«
»Wenn wir nicht langsam was gegen dieses ganze Muselmanenpack tun, dann geht dieses Land unter.«
»Wir müssen in Deutschland endlich wieder Politik für die Deutschen machen.«
»Gott sei Dank kann unser Sohn nach der Grundschule jetzt auf ein anständiges Gymnasium, ohne diese ganzen Asis.«
»Die kommen doch nur hierher, um unsere Frauen zu vergewaltigen. Hat man doch damals an Silvester in Köln gesehen.«
»Deutschland ginge es ohne Muslime besser.«
»Durch die EU-Osterweiterung sind nur Wirtschaftsflüchtlinge ins Land gekommen.«
»Bloß weil ich mal die Wahrheit sage, werde ich in die rechte Ecke gestellt.«

Perspektiven wechseln

Suchen Sie sich einige typische Parolen aus. Notieren Sie jetzt aus der Sicht Ihres potenziellen Gegenübers Argumente, Ereignisse, Beispiele, Zahlen, Ängste, Bedürfnisse, die *dafür* sprechen könnten. Der Perspektivenwechsel kann Ihnen helfen, sich besser in Ihr Gegenüber hineinversetzen zu können.

Erlebtes aufarbeiten

Gehen Sie Situationen durch, in denen Sie unmittelbar mit rechten Parolen konfrontiert waren. Notieren Sie tabellarisch, was sich ereignet hat, wie Sie das wahrgenommen haben, wie es wohl ihr Gegenüber wahrgenommen hat. Nun spielen Sie verschiedene Lösungsszenarien durch, nicht im Konjunktiv (ich *hätte* dieses sagen können, nächstes Mal *würde* ich jenes machen), sondern notieren Sie Ihre Gedanken in wörtlicher Rede. Sagen Sie es laut. Wie fühlt sich das an? Passt es zu Ihnen? Probieren Sie verschiedene Lösungen aus.

Das Gleiche können Sie mit Situationen machen, die Ihnen Dritte geschildert haben, oder mit Beispielen aus diesem Buch.

Spiele und Angebote im Internet

Gerade zum alleinigen Üben eignen sich digitale Angebote. Im Anhang finden Sie einige diesbezügliche Links.

3.2 So können Sie zu zweit üben

Alles, was Sie im vorherigen Abschnitt gelesen haben, können Sie auch zu zweit oder mit mehreren im Austausch durchführen. Hinzu kommen nun Übungen, die zwingend nach einem Austausch verlangen.

Wenn Sie darüber hinaus durch Ihre beraterischen bzw. therapeutischen Ausbildungen gewohnt sind, in Rollen zu schlüpfen und sich auch wieder zu »entrollen«, wenn Sie versiert sind, sich gegenseitig Feedback zu geben und dies auch anzunehmen, dann finden Sie dazu ebenfalls einige Anregungen.

Sollten Sie Hemmungen haben, kann zunächst der Besuch eines Workshops Ihnen den richtigen Anschub geben. Üben Sie dann gemeinsam zu Hause weiter, im Büro nach Feierabend oder in welchem geschützten Rahmen auch immer.

Körpersignale deuten

Begeben Sie sich gedanklich in eine Situation, die Sie als sehr schön empfunden haben (zum Beispiel eine fröhliche Geburtstagsfeier, die ersten Schritte Ihres Kindes, ein herrlicher Spaziergang). Bitten Sie die andere Person, Sie genau zu beobachten: Wie sind Ihre Haltung, Ihre Mimik, Ihre Körperspannung usw.? Dann stellen Sie sich eine neutrale Situation vor (das Lesen belangloser Mails, das Zusammenlegen von Wäsche oder Ähnliches). Und schließlich denken Sie an eine negativ behaftete Situation, in der Sie vielleicht sogar Gewalt erlebt haben (Streit mit Partner bzw. Partnerin, Stress im Fußballstadion usw.).

Wechseln Sie die Rollen. Tauschen Sie sich aus, inwiefern sich Ihre Mimik, Gestik, Haltung jeweils verändert haben. Auf diese Weise können Sie Ihre Wahrnehmung nonverbaler Signale schulen und dadurch beispielsweise leichter erkennen, wann aufgrund drohender Eskalation gegebenenfalls eine Taktik zu ändern ist.

Beobachtungen trennen

Suchen Sie einen Ort auf, an dem Sie Menschen über einen gewissen Zeitraum beobachten können (Restaurant, Wartezimmer, Kassenschlange). Einigen Sie sich mit Ihrer Begleitung, wen Sie beobachten, und notieren Sie, gedanklich oder schriftlich, jeweils für sich, was Sie *beobachten,* was Sie in das Verhalten hinein*interpretieren* und wie Sie das *bewerten.* Dann gleichen Sie Ihre Notizen ab. Auch wenn Sie generell auf einer Wellenlänge liegen mögen, werden Sie potenziell zu unterschiedlichen Schlüssen kommen, und das umso stärker, je unterschiedlicher Ihre jeweiligen kulturellen Prägungen und Vorerfahrungen sind. Achten Sie auch darauf, ob Sie die drei Bereiche wirklich klar getrennt haben. Das hilft Ihnen, präziser zu werden, Ihre Wahrnehmungen als *möglich,* aber nicht per se zutreffend anzunehmen, und offen für andere Sichtweisen zu werden.

Parolen kontern

Stellen Sie eine Stoppuhr auf eine Minute. Partner*in A beginnt, auf Partner*in B zu *einem* (!) »rechten« Thema einzureden (einige typische Beispiele finden Sie im ► Kapitel »Schockstarre überwinden«). B versucht, dazwischenzukommen und dagegenzuhalten.

Im Anschluss tauschen Sie sich aus. Was hat nach Meinung von B geklappt? Was von B.s Interventionen hat A irritiert, geärgert, überzeugt, angestachelt? Stimmen Selbst- und Fremdwahrnehmung überein? Halten Sie die Punkte, die Ihnen gut gelungen sind, schriftlich fest, damit Sie die so entstehende Liste immer wieder zurate ziehen können. Wechseln Sie die Rollen. Seien Sie kreativ. Probieren Sie alle möglichen Varianten des Konterns aus (► Kapitel 1.3 »Handlungsoptionen klären«).

Parolenhopping aufbrechen

Führen Sie die gleiche Übung wie eben jetzt über anderthalb Minuten durch und springen Sie dabei von einem Thema zum nächsten. Werten Sie den Verlauf anschließend wieder gemeinsam aus. Wechseln Sie erneut die Rollen.

Situationen nachspielen

Nennen Sie der mit Ihnen übenden Person eine konkrete Situation, die Sie erlebt haben. Versuchen Sie, das Setting entsprechend nachzustellen: »Bitte setz dich da hin. Das hier ist mein Schreibtisch. Ich erläutere dir jetzt, dass unsere Hilfsangebote begrenzt seien, und da unterbrichst du mich und sagst, das sei ja kein Wunder, das ganze Geld gehe für die Flüchtlinge drauf usw. Ich will jetzt mal ein anderes Verhalten ausprobieren, als ich es im Gespräch letzte Woche gemacht habe.«

Wechseln Sie auch hier wieder die Rollen. So können Sie erleben, wie sich Ihr Gegenüber fühlte, und die mit Ihnen übende Person hat womöglich in Ihrer Rolle ein paar zusätzliche gute Ideen für angemessene Reaktions- und Interventionsoptionen. Halten Sie alle Ideen schriftlich fest.

Auch wenn exakt *diese* Situation vermutlich nicht wieder passieren wird: Sie werden durch das Üben und nachträgliche gedankliche Verändern sicherer für den Umgang mit kommenden Situationen.

3.3 Was Sie sonst noch tun können

Wissen

Im Anhang finden Sie viele Literaturtipps. Bleiben Sie auf dem Laufenden. Nutzen Sie seriöse Nachrichtenkanäle, besuchen Sie Vortrags- und Fortbildungsangebote von Volkshochschulen, Landeszentralen für politische Bildung sowie durch die Bundesregierung unterstützten Projekten.

Zahlreiche Bücher und Internetseiten bieten Ihnen zudem die Möglichkeiten eines Faktenchecks.

Zusammenschluss

Suchen Sie Gleichgesinnte. Es gibt zahlreiche Initiativen, von lokalen Bündnissen gegen konkrete Aufmärsche bis zu bundesweiten Gruppierungen. Idealerweise engagieren Sie sich aktiv. Aber auch wenn Sie »nur« passiv dabei sind (Newsletter lesen, bei Podiumsdiskussionen zuhören, Ausstellungen besuchen, auf Demonstrationen mitlaufen) – Sie stärken sich, lernen dazu, zeigen Gesicht und unterstützen allein durch Ihre Anwesenheit die Demokratie.

Prävention

Warten Sie nicht, dass Sie in Situationen kommen, in denen Sie rechten Parolen widersprechen müssen. Nutzen Sie proaktiv Möglichkeiten, auf die Gleichberechtigung von Mann und Frau, von unterschiedlichen sexuellen Identitäten, von Behinderten hinzuweisen. Berichten Sie ungefragt von kleinen positiven Erlebnissen. Hängen Sie in Ihrem Büro oder dem Gemeinschaftsraum passende Sprüche oder Cartoons auf. Stehen Sie für demokratische Werte ein.

Offenheit

Suchen Sie Kontakt mit Menschen, die anders sind als Sie, lesen Sie Bücher aus anderen Ländern, sehen Sie Filme über andere Lebenswelten, reisen Sie (wenn möglich). Das hält Sie offen und bietet Ihnen Gelegenheit, immer wieder Ihre eigenen Gefühle und Denkmuster zu reflektieren.

Anhang

Glossar

Allgemeines Gleichbehandlungsgesetz (AGG): umgangssprachlich auch Gleichstellungsgesetz oder Antidiskriminierungsgesetz genannt. Umsetzung einer EU-Vorgabe von 2006, die Benachteiligungen im persönlichen wie sachlichen Bereich (Beruf, Alltagsgeschäfte) verhindern oder beseitigen soll. Es unterscheidet zwischen unmittelbaren, direkten, offenen sowie mittelbaren, indirekten Formen der Diskriminierung. Benannt werden Alter, Geschlecht, sexuelle Identität, Religion oder Weltanschauung, Rasse oder ethnische Herkunft, Behinderung.

Backfire-Effekt: englisch »zurückfeuern«. Meint, dass die Konfrontation mit neuen oder zu vielen Fakten, die den eigenen widersprechen, zum Widerstand führen und die eigenen Ideen noch mehr verfestigen kann.

Charta der Vielfalt: freiwillige Selbstverpflichtung nach dem ▸ Diversity-Ansatz. Zunächst eher von Großunternehmen, inzwischen von ca. 3.000 Firmen, (Bildungs-)Einrichtungen, Behörden usw. unterzeichnet.

Confirmation Bias: englisch »Bestätigungstendenz/-vorurteil«. Neigung, Informationen bzw. Medien so auszuwählen, dass sie den eigenen Erwartungen entsprechen.

Counter Speech: englisch »Gegenrede«. Mit Counter Speech wird umschrieben, wie man auf ▸ Hate Speech antworten kann.

Derailing: englisch »Entgleisung«. Insbesondere im Internet angewandte Taktik, bei der nicht die eigentlichen Inhalte eines Posts diskutiert werden, sondern gezielt auf andere (eigene!) Themen umgelenkt wird, in der Absicht, dass nachfolgende Kommentare dann ebenfalls das neue bzw. veränderte Thema aufgreifen.

Diskriminierung: lateinisch discriminare, »trennen«. Abgrenzung, Benachteiligung, Herabsetzung von Einzelpersonen oder Gruppen, in der Regel stark negativ konnotiert.

Diversität/Diversity: lateinisch diversitas/englisch »Vielfalt«. Mit Diversity ist in der Regel die Vielfalt der Mitarbeitenden eines Betriebes, einer Organisation gemeint. Dem Konzept liegen feministische Ansätze, Einflüsse der US-Bürgerrechtsbewegung und Managementkonzepte zugrunde. Diversity sieht die Vielfalt der Beschäftigten als normal und als Potenzial an. Um jegliche Diskriminierung zu verhindern und die Vorteile der Vielfalt zu nutzen, gibt es Diversity Management.

Fake News: englisch »falsche/gefälschte Nachrichten«. Auch: alternative Fakten. Absichtlich verbreitete erfundene oder manipulierte Informationen, die in der Form wie echte Nachrichten wirken.

Frame: englisch »Rahmen«. Begriff aus der Kognitionswissenschaft, der besagt, dass weniger Fakten als solche entscheidend sind, sondern der gedankliche Deutungsrahmen, in dem sie genannt werden, maßgeblich ist.

Gruppenbezogene Menschenfeindlichkeit (GMF): Diskriminierung, die sich gegen unterschiedliche Gruppen richten kann (Frauen, Juden, Langzeitarbeitslose, Muslime, Obdachlose, Sinti und Roma, Schwarze, Schwule usw.).

Hate Speech: englisch »Hassrede«. Mit Hate Speech ist eine abwertende, bedrohende Sprache gemeint, die sich gegen benachteiligte Gruppen oder Einzelne richtet sowie gegen Personen, die sich für diese einsetzen. Hate Speech spricht anderen Menschen gleiche Rechte ab und fordert direkt oder indirekt zu Gewalttaten gegen diese auf. Somit ist Hate Speech strafrechtlich relevant. Andere nutzen den Begriff

Hate Speech umfassender für jegliche Form von Beschimpfungen. Hate Speech findet insbesondere im Internet statt.

LSBTTIQ: Zusammenfassende Bezeichnung für »lesbisch, schwul, bisexuell, transsexuell, transgender, intersexuell und queer«.

Machtdistanz: Diese Kulturdimension unterscheidet zwischen einer erlernten eher geringen oder eher großen Machtdistanz. Gemeint ist die Distanz zwischen zwei Personen in hierarchischen Verhältnissen, zum Beispiel Eltern–Kinder, Lehrkräfte–Schüler*innen, Vorgesetzte–Mitarbeitende. Menschen geringer Machtdistanz versuchen, trotz unterschiedlicher hierarchischer Positionen eher auf Augenhöhe zu kommunizieren. Menschen großer Machtdistanz sind hingegen um Betonung des Abstands zwischen den Positionen bemüht. Zu Konflikten kann es kommen, wenn Menschen geringer und hoher Machtdistanz aufeinandertreffen.

Narrativ: lateinisch narrare, »erzählen«. Themen und Sachverhalte werden kulturell geprägt und sich zeitlich wandelnd weitererzählt. Damit dienen Narrative der Sinnstiftung und gesellschaftlichen Orientierung.

Non-helping-bystander-Effekt: englisch »nicht helfende herumstehende Zuschauer*innen«. Auch: Genovese-Syndrom. Phänomen, dass Augenzeug*innen eines Übergriffs umso weniger eingreifen, je mehr andere Personen anwesend sind.

Othering: englisch »Ausgrenzung«. Der Begriff bezeichnet die Abgrenzung der fremden von der eigenen Gruppe.

Parole: französisch »Rede«. Verwendung im Sinne von: unwahre, diskriminierende Behauptung.

People of Color (PoC): englisch »Menschen von Farbe«. Zunächst wurde der Begriff von schwarzen Menschen als Selbstbezeichnung und zur Solidarisierung benutzt, inzwischen wird er meist auf alle Menschen ausgeweitet, die nicht weiß sind. Weiß und Schwarz werden hier politisch verstanden und weisen auf Machtverhältnisse und alltägliche Diskriminierungserfahrungen hin, die in westlichen Gesellschaften die Angehörigen der vorherrschenden weißen Bevölkerungsgruppe nicht machen.

Political Correctness (PC): englisch »politische Korrektheit«. PC fordert eine Sprache, die diskriminierungsfrei ist. Der in den USA in den 1970er Jahren entstandene Begriff wird auch in der rechten Szene benutzt bzw. aufgegriffen, dort, um auf eine durch PC angeblich stattfindende Zensur und Einschränkung der (eigenen!) Meinungsfreiheit hinzuweisen.

Populismus: lateinisch populus, »Volk«. Politische Themen- und Kommunikationsmittelwahl, die auf die (angebliche oder tatsächliche) »Stimmungslage des Volkes« ausgerichtet sind und demokratische Prinzipien missachten oder zumindest geringschätzen.

Rassismus: Rassismus bezeichnet eine strukturelle Benachteiligung von Gruppen oder einzelnen ihrer Angehörigen aufgrund bestimmter Merkmale. Diese Merkmale (früher eher biologische, zum Beispiel die Hautfarbe, heute eher kulturelle, zum Beispiel Herkunft, Sprache, Religion) werden als Zeichen einer Ungleichwertigkeit gesehen und damit als Grund für eine vermeintlich legitimierte Abwertung herangezogen.

Silencing: englisch »Stilllegung, zum Schweigen bringen«. Andersdenkenden wird offen oder verdeckt psychische oder physische Gewalt angedroht, um sie einzuschüchtern und die eigene Stärke zu demonstrieren.

Token: englisch »Zeichen, Symbol«. Eine Person wird von anderen nicht als Individuum, sondern als Vertreter*in einer bestimmten gesellschaftlichen Gruppe wahrgenommen.

Toxic Speech: englisch »vergiftete Sprache«. Toxic Speech enthält gezielte Desinformationen, manipulierte Erzählungen, abwertende Verallgemeinerungen usw. Toxic Speech diffamiert andersdenkende

Menschen und untergräbt damit letztlich die Demokratie, bewegt sich aber im Gegensatz zu ► Hate Speech gerade noch in dem Bereich, der durch Artikel 5 des Grundgesetzes gedeckt ist.

Transkulturalität: lateinisch trans cultura, »Über-Kultur«. Ein Mensch verändert sich durch einen Kulturwechsel (zumeist in Folge von Migration) und trägt damit Elemente seiner alten und seiner neuen Kultur in sich. Diese kann er situativ nutzen. Es entsteht also *über* den beiden (und gegebenenfalls noch weiteren) Kulturen eine neue individuelle Identität, denn jeder Mensch nimmt bewusst und unbewusst unterschiedliche Elemente auf oder gibt sie ab. Im Laufe der Zeit und durch weitere Einflüsse kann sich dieses »Kulturgepäck« immer weiter verändern. Das Konzept passt auch auf Menschen, die in nachfolgenden Generationen von unterschiedlichen kulturellen Elementen der Familie sowie der Gesellschaft geprägt werden.

Whataboutism: von englisch »What about …?«, »Was ist eigentlich mit …?«. Auf eine Aussage oder Frage, insbesondere Kritik, wird mit einer Gegenfrage geantwortet, die (tatsächlich oder vermeintlich) Kritikwürdiges aufseiten des Gegenübers aufgreift oder ein völlig neues »Fass« aufgemacht. Das dient zum einen der Ablenkung und Relativierung und soll zum anderen das Gegenüber aus der aktiven, anklagenden Rolle in die Defensive drängen. Der Begriff wurde ursprünglich verwendet zur Bezeichnung einer speziellen sowjetischen Propagandatechnik, auf westliche Kritik mit Hinweisen auf Missstände in westlichen Gesellschaften zu reagieren.

Zivilcourage: von lateinisch civilis, »bürgerlich«, und französisch courage, »Mut«, also »Bürgermut«. Einsatz für andere Menschen, entweder in konkreten Gefahrensituationen oder auch generell, als sozial verantwortliches Handeln.

Verwendete Literatur nach Kapiteln

Vorwort

Goethe, J. W. von. Zitiert nach: Kovce, P. (Hrsg.) (2019). Die schönsten deutschen Aphorismen. Berlin: Suhrkamp/Insel, S. 9.

Prolog – Schweigen

Papst Bonifatius VIII. Zitiert nach: Wikipedia: »Schweigen«. Formen des Schweigens. Konsensbildung. https://de.wikipedia.org/wiki/Schweigen#Formen_des_Schweigens (Zugriff am 23.02.2020).

1.1 Hintergründe verstehen

Rechts, Rechtspopulismus, Rechtsextremismus

Heitmeyer, W. (2019). Warum der Begriff »Rechtspopulismus« verharmlosend ist. https://www.spiegel.de/kultur/gesellschaft/wilhelm-heitmeyer-warum-der-begriff-rechtspopulismus-verharmlosend-ist-a-1283003.html (Zugriff am 23.02.2020).

Neue deutsche Medienmacher e. V. (Hrsg.) (2019). NdM-Glossar. Wörterverzeichnis der Neuen deutschen Medienmacher*innen (NdM) mit Formulierungshilfen, Erläuterungen und alternativen Begriffen für die Berichterstattung in der Einwanderungsgesellschaft (9. Aufl.). Berlin: NdM, S. 60 f.

Quent, M. (2019). Deutschland rechts außen. Wie die Rechten nach der Macht greifen und wie wir sie stoppen können. München: Piper, S. 39 ff.

Steffan, P. (2019). Sag was! Radikal höflich gegen Rechtsradikalismus argumentieren. Ein Buch von Diskursiv. Hamburg: Oetinger, S. 23 ff.

Zick, A., Küpper, B., Berghan, W. (2019). Verlorene Mitte – Feindselige Zustände. Rechtsextreme Einstellungen in Deutschland 2018/19. Herausgegeben für die Friedrich-Ebert-Stiftung von Franziska Schröter. Bonn: Dietz.

Bedürfnisse

Maslow, A. H. (1981). Motivation und Persönlichkeit (15. Aufl.). Reinbek: Rowohlt, S. 49 ff. [zur Bedürfnispyramide].

Rosenberg, M. B. (2016). Gewaltfreie Kommunikation. Eine Sprache des Lebens (12., überarb. Aufl.). Paderborn: Junfermann, insbes. S. 47 ff.

Mögliche Ursachen rechten Gedankenguts

Decker, O., Brähler, E. (Hrsg.) (2018). Flucht ins Autoritäre. Rechtsextreme Dynamiken in der Mitte der Gesellschaft. Die Leipziger Autoritarismus-Studie 2018. Gießen: Psychosozial.

Gloël, R., Gützlaff, K., Weber, J. (2017). Gegen rechts argumentieren lernen (3., überarb. u. aktualis. Neuaufl.). Hamburg: VSA.

Yendell, A. (2019). Wie entstehen antidemokratische und rechtsextreme Einstellungen? Vortrag an der VHS Hannover, 13.11.2019. Unveröffentlichte Mitschrift.

Zick, A., Küpper, B., Berghan, W. (2019). Verlorene Mitte – Feindselige Zustände. Rechtsextreme Einstellungen in Deutschland 2018/19. Herausgegeben für die Friedrich-Ebert-Stiftung von Franziska Schröter. Bonn: Dietz.

Stufen rechten Denkens und Handelns

Landmann, H. (2019). Psychologische Mechanismen von Hass, Vorurteilen und Radikalisierung. Vortrag am Europäischen Informationszentrum Hannover, 26.2.2019. Unveröffentlichte Mitschrift. Skript einsehbar unter http://www.fachnetzflucht.de/wp-content/uploads/2019/03/Vortrag_Landmann_Vorurteile.pdf (Zugriff am 23.02.2020).

Grundwerte und Political Correctness

Bundeszentrale für Politische Bildung (Hrsg.) (2016) Grundgesetz für die Bundesrepublik Deutschland. Berlin: bpb.

Stefanowitsch, A. (2018). Eine Frage der Moral. Warum wir politisch korrekte Sprache brauchen. Berlin: Duden, S. 9 ff.

1.2 Muster erkennen

Stereotype

Kotzebue, A. von. Zitiert nach: https://1000-Zitate.de (Aufruf 04.02.2020)

Roth, J., Köck, C. (Hrsg.) (2011). Interkulturelle Kompetenz. Culture Communication Skills. Handbuch für die Erwachsenenbildung (2. Aufl.). München: EduMedia, S. 43 ff.

Kulturalisierung

Gundlach, H. B. (2011). Begriffe, Theorien, Konzepte zum Thema »Interkulturalität«. In D. Borchers, S. Milsch (Hrsg.), Interkulturalität in der Arbeitswelt. Über selbst gesteuertes Projektmanagement interkulturell qualifizieren. Hannover: Offizin, S. 38 ff.

Roth, J., Köck, C. (Hrsg.) (2011). Interkulturelle Kompetenz. Culture Communication Skills. Handbuch für die Erwachsenenbildung (2. Aufl.). München: EduMedia , S. 7 ff.

Frames

Leisten, L. L. (2019). AfD: Die Macht der Komposition. https://www.zeit.de/kultur/2019–10/afd-rhetorik-wortschoepfungen-rechtspopulismus-linguistik (Zugriff am 23.02.2020).

Neue deutsche Medienmacher e.V. (Hrsg.) (2019). NdM-Glossar. Wörterverzeichnis der Neuen deutschen Medienmacher*innen (NdM) mit Formulierungshilfen, Erläuterungen und alternativen Begriffen für die Berichterstattung in der Einwanderungsgesellschaft (9. Aufl.). Berlin: NdM, S. 46 ff.

Schutzbach, F. (2018). Die Rhetorik der Rechten. Rechtspopulistische Diskursstrategien im Überblick. Zürich: Xanthippe.

Wehling, E. (2018). Politisches Framing. Wie eine Nation sich ihr Denken einredet – und daraus Politik macht (5. Aufl.). Berlin: Ullstein, S. 17 f., S. 32 ff., S. 42 ff., S. 84 ff., S. 167 ff.

Meinungsfreiheit

Bundeszentrale für Politische Bildung (Hrsg.) (2016) Grundgesetz für die Bundesrepublik Deutschland. Berlin: bpb, S. 14.

Fries, S. (2016). Meinungsfreiheit: Warum man nicht sagen darf, was man sagen will. https://stefan-fries.com/2016/01/21/meinungsfreiheit-in-deutschland-warum-man-nicht-sagen-darf-was-man-sagen-will/ (Zugriff am 23.02.2020).

Heiße Luft

Krainer, I. Zitiert nach: Kamburg, P., Spicker, F., Wilbert, J. (Hrsg.) (2016). Weisheit – Kritik – Impuls. Anthologie zum Aphorismenwettbewerb 2016. Bochum: Brockmeyer, S. 19.

Prenzel, T. (2018). Fake News. Moderne Lügen entlarven und entspannt reagieren. Schwalbach: Wochenschau.

Zwei vor, einen zurück

Angele, M. (2019). »Nicht über jedes Stöckchen springen«. Was ist rechte Rhetorik – und wie soll man mit ihr umgehen? Ein Streitgespräch mit der Soziologin Franziska Schutzbach. www.freitag.de/autoren/michael-angele/was-ist-rechte-rhetorik (Zugriff am 23.02.2020).

Weiterdenken – Heinrich-Böll-Stiftung Sachsen (Hrsg.) (2018). »Linksgrün-versifft?« Handreichung zum Umgang mit rechtspopulistischen Parteien und Wählerbündnissen auf kommunaler Ebene. Dresden: hbs, S. 18.

Basic und High Talk

Modler, P. (2019). Mit Ignoranten sprechen. Wer nur argumentiert, verliert. Frankfurt a. M.: Campus.

Cantona, E. Zitiert nach: Wikiquote: »Eric Cantona«. Eigene Übersetzung. https://en.wikiquote.org/wiki/Eric_Cantona (Zugriff am 23.02.2020).

Umlenkung von Themen

Weck, A. (2015). Derailing im Netz: Wie Diskussionen in eine völlig andere Richtung gelenkt werden. https://t3n.de/news/derailing-im-netz-636526/ (Zugriff am 23.02.2020).

Parolenhopping

Ebner-Eschenbach, M. von. Zitiert nach: https://gutezitate.com https://gutezitate.com/zitat/130548 (Aufruf am 23.02.2020).

1.3 Handlungsoptionen klären

Die vier Ebenen

Schulz von Thun, F. (2019). Miteinander Reden: 1. Störungen und Klärungen. Allgemeine Psychologie der Kommunikation (56. Aufl.). Reinbek: Rowohlt, S. 25 ff.

Beobachten und Bewerten

Rosenberg, M. B. (2016). Gewaltfreie Kommunikation. Eine Sprache des Lebens (12., überarb. Aufl.). Paderborn: Junfermann, S. 37 ff.

Roth, J., Köck, C. (Hrsg.) (2011). Interkulturelle Kompetenz. Culture Communication Skills. Handbuch für die Erwachsenenbildung (2. Aufl.). München: EduMedia, S. 55 f.

Hypothetisieren

Schlippe, A. von, Schweitzer, J. (2016). Lehrbuch der systemischen Therapie und Beratung I. Das Grundlagenwissen (3. Aufl.). Göttingen: Vandenhoeck & Ruprecht, S. 204, 226 f.

Zuhören

Weinberger, S. (2013). Klientenzentrierte Gesprächsführung. Lern- und Praxisanleitung für psychosoziale Berufe (14., überarb. Aufl.). Weinheim: Beltz Juventa, S. 51 ff.

Fragen

Ryborz, H. (2019). Geschickt kontern: Nie mehr sprachlos! Ausweichen, Angreifen, Ignorieren (11. Aufl.). Regensburg: Walhalla/Metropolitan, S. 91 ff. [zu Fragetechniken allgemein].

Schlippe, A. von, Schweitzer, J. (2016). Lehrbuch der systemischen Therapie und Beratung I. Das Grundlagenwissen (3. Aufl.). Göttingen: Vandenhoeck & Ruprecht, S. 51 ff. [zum zirkulären Fragen].

Ab- oder Ausgrenzung?

Weiterdenken – Heinrich-Böll-Stiftung Sachsen (Hrsg.) (2018). »Linksgrün-versifft?« Handreichung zum Umgang mit rechtspopulistischen Parteien und Wählerbündnissen auf kommunaler Ebene. Dresden: hbs, S. 7.

Leo, P., Steinbeis, M., Zorn, D.-P. (2017). Mit Rechten reden. Ein Leitfaden. Stuttgart: Klett-Cotta.

Neutralität?

Amadeu-Antonio-Stiftung (Hrsg.) (2019). Demokratie in Gefahr. Handlungsempfehlungen zum Umgang mit der AfD (2., überarb. Aufl.). Berlin: AAS, S. 61 ff.

Oberle, M., Ivens, S., Leunig, J. (2018). Grenzenlose Toleranz? Lehrervorstellungen zum Beutelsbacher Konsens und dem Umgang mit Extremismus im Unterricht. In L. Möllers, S. Manzel (Hrsg.), Populismus und politische Bildung. Schriftenreihe der Gesellschaft für Politikdidaktik und Politische Jugend- und Erwachsenenbildung. Schwalbach: Wochenschau, S. 53–61.

Status

Bongartz, R. (2013). Nutze deine Angst. Wie wir in Gewaltsituationen richtig reagieren. Frankfurt a. M.: Fischer, S. 48 ff. [zum Status].

Harris, T. A. (2020): Ich bin o. k. Du bist o. k. Wie wir uns selbst besser verstehen und unsere Einstellung zu anderen verändern können. Eine Einführung in die Transaktionsanalyse (53. Aufl.). Reinbek: Rowohlt, S. 33 ff. [zum Erwachsenen-/Eltern-/Kinder-Ich].

Peikert, I. (2009). Konfliktmanagement im DaZ-Unterricht. In S. Kaufmann, E. Zehnder, E. Vanderheiden, W. Frank (Hrsg.), Fortbildung für Kursleitende Deutsch als Zweitsprache. Band 4: Zielgruppenorientiertes Arbeiten (S. 93–126). Ismaning: Hueber, insbes. S. 100 ff. [zur Statuswippe].

Bitten

Rosenberg, M. B. (2016). Gewaltfreie Kommunikation. Eine Sprache des Lebens (12., überarb. Aufl.). Paderborn: Junfermann, S. 75 ff.

Kleine Tricks

Ready, R., Burton, K. (2019). NLP-Grundlagen für Dummies. Weinheim: Wiley-VCH, S. 119 [zum Ankern].

Irritationen

Schlippe, A. von, Schweitzer, J. (2016). Lehrbuch der systemischen Therapie und Beratung I. Das Grundlagenwissen (3. Aufl.). Göttingen: Vandenhoeck & Ruprecht, S. 321 ff.

Faktencheck

Bonin, H. (2014). Der Beitrag von Ausländern und künftiger Zuwanderung zum deutschen Staatshaushalt. Gutachten des ZEW – Leibniz-Zentrum für Europäische Wirtschaftsforschung. Gütersloh: Bertelsmann-Stiftung.

Bundeskriminalamt (BKA) (Hrsg.) (2019). Polizeiliche Kriminalstatistik (PKS). PKS 2018 – Zeitreihen: Übersicht Tatverdächtigentabellen.

https://www.bka.de/DE/AktuelleInformationen/StatistikenLagebilder/PolizeilicheKriminalstatistik/PKS2018/Zeitreihen/zeitreihenTatverdaechtige.html?nn=108686 (Zugriff am 23.02.2020).

Bundesverband für Wohnen und Stadtentwicklung e. V. (vhw) (Hrsg.) (2018). Migranten, Meinungen, Milieus. vhw-Migrantenmilieu-Survey 2018. Berlin: vhw. Online unter: https://www.vhw.de/fileadmin/user_upload/07_presse/PDFs/ab_2015/vhw_Migrantenmilieu-Survey_2018.pdf (Zugriff am 23.02.2020).

Sinus-Institut (Hrsg.) (2018). Die Sinus-Migrantenmilieus in Deutschland. Die Alltagswelt von Migranten, ihre Wertorientierungen Lebensziele, Wünsche und Zukunftserwartungen. Aktualisierung der ersten Studie von 2008. https://www.sinus-institut.de/fileadmin/user_data/sinus-institut/Bilder/news/Migranten/Migranten_Flyer_final_Website.pdf (Zugriff am 23.02.2020).

Argumentieren

Joubert, J. Zitiert nach: Puntsch, E. (1990). Zitate-Handbuch. Für Wissenschaftler, Journalisten, Politiker, Künstler, Manager, Redner, Erzieher, Korrespondenten. Augsburg: Weltbild, S. 919.

Prenzel, T. (2018). Fake News. Moderne Lügen entlarven und entspannt reagieren. Schwalbach: Wochenschau, S. 77 ff.

Schleichert, H. (2019). Wie man mit Fundamentalisten diskutiert, ohne den Verstand zu verlieren. Oder: Anleitung zum subversiven Denken (10. Aufl.). München: Beck, S. 112 ff.

Rückendeckung

Antidiskriminierungsstelle des Bundes (ADS) (Hrsg.) (2014). AGG-Wegweiser. Erläuterungen und Beispiele zum Allgemeinen Gleichbehandlungsgesetz. Berlin: ADS.

Charta der Vielfalt e. V. (Hrsg.) (2020). Charta der Vielfalt. https://www.charta-der-vielfalt.de (Zugriff am 23.02.2020).

Blackout

Nöllke, M. (2019). Schlagfertigkeit. Die 100 besten Tipps (4. Aufl.). Freiburg i. Br.: Haufe, S. 62 f.

1.4 Beteiligte identifizieren

Wer ist Ihr Gegenüber?

Eltze, W. (2018). Argumentationstraining gegen antifeministische Aussagen. Veranstaltung von »Team Gegenargument« im Frauenzentrum Laatzen, 22.10.2018. Unveröffentlichte Mitschrift.

Team »Aufstehen gegen Rassismus!« (2020). Stammtischkämper*innen-Seminar Im »Aquarium«, Berlin, 12.01.2020. Unveröffentlichte Mitschrift.

Typenkunde

Stern, C. (2019). Kämpfen ohne zu kämpfen! Respektvoller Umgang in angespannten Situationen. Workshop beim Internationalen Tag der Migrant*innen. Auditorium Berlin, 18.12.2019. Unveröffentlichte Mitschrift.

*Opfer-Täter*innen-Dritte*

Berne, E. (2016). Was sagen Sie, nachdem Sie »Guten Tag« gesagt haben? Psychologie des menschlichen Verhaltens (23. Aufl.). Frankfurt a. M.: Fischer, S. 226 ff. [zum Dramadreieck].

Steffan, P. (2019). Sag was! Radikal höflich gegen Rechtsradikalismus argumentieren. Ein Buch von Diskursiv. Hamburg: Oetinger, S. 60 f. [zur Opferinszenierung].

Stewart, I., Joines, V. (2000). Die Transaktionsanalyse. Eine Einführung (12. Aufl.). Freiburg i. Br.: Herder, S. 338 ff. [zum Dramadreieck].

Die Menge macht's

Molière. Zitiert nach: Puntsch, E. (1990). Zitate-Handbuch. Für Wissenschaftler, Journalisten, Politiker, Künstler, Manager, Redner, Erzieher, Korrespondenten. Augsburg: Weltbild, S. 427.

Bongartz, R. (2013). Nutze deine Angst. Wie wir in Gewaltsituationen richtig reagieren. Frankfurt a. M.: Fischer, S. 53 ff.

Wenn es doch eskaliert …

Bongartz, R. (2013). Nutze deine Angst. Wie wir in Gewaltsituationen richtig reagieren. Frankfurt a. M.: Fischer, S. 31 ff.

Stern, C. (2019). Kämpfen ohne zu kämpfen! Respektvoller Umgang in angespannten Situationen. Workshop beim Internationalen Tag der Migrant*innen. Auditorium Berlin, 18.12.2019. Unveröffentlichte Mitschrift.

Weiterführende Empfehlungen

Zu Hintergründen von rechtem/rechtsextremem Denken und Handeln

Decker, O., Brähler, E. (Hrsg.) (2018). Flucht ins Autoritäre. Rechtsextreme Dynamiken in der Mitte der Gesellschaft. Die Leipziger Autoritarismus-Studie 2018. Gießen: Psychosozial.

Heitmeyer, W. (2018). Autoritäre Versuchungen. Berlin: Suhrkamp.

Otto, A. (2019). Woher kommt der Hass? Die psychologischen Ursachen von Rechtsruck und Rassismus. Gütersloh: Gütersloher Verlagshaus.

Quent, M. (2019). Deutschland rechts außen. Wie die Rechten nach der Macht greifen und wie wir sie stoppen können. München: Piper.

Zick, A., Küpper, B., Berghan, W. (2019). Verlorene Mitte – Feindselige Zustände. Rechtsextreme Einstellungen in Deutschland 2018/19. Herausgegeben für die Friedrich-Ebert-Stiftung von Franziska Schröter. Bonn: Dietz.

Zum Verständnis von Kommunikation

Pörksen, E., Schulz von Thun, F. (2020). Die Kunst des Miteinander-Redens. Über den Dialog in Gesellschaft und Politik. München: Carl Hanser.

Zu Faktenchecks und inhaltlicher Argumentation

Gloël, R., Gützlaff, K., Weber, J. (2017). Gegen rechts argumentieren lernen (3., überarb. u. aktualis. Neuaufl.). Hamburg: VSA.

Hufer, K. P. (2016). Argumente am Stammtisch. Erfolgreich gegen Parolen, Palaver und Populismus (7. Aufl.). Schwalbach: Wochenschau, insbes. S. 113–135.

IBIS Interkulturelle Arbeitsstelle e. V. (Hrsg.) (2018). Nachdenken statt Vorverurteilen. Mobile Beratung gegen Rechtsextremismus – Niedersachsen für Demokratie. https://mbt-niedersachsen.de/wp-content/uploads/2018/02/Nachdenken-statt-vorverurteilen.pdf (Zugriff am 23.02.2020).

Lanig, J. (2016). 50 Vorurteile in der Flüchtlingskrise auf dem Prüfstand. Ein Faktencheck. Mülheim: Verlag an der Ruhr.

Leo, P., Steinbeis, M., Zorn, D.-P. (2017). Mit Rechten reden. Ein Leitfaden. Stuttgart: Klett-Cotta.

Prenzel, T. (2018). Fake News. Moderne Lügen entlarven und entspannt reagieren. Frankfurt a. M.: Wochenschau.

Tiedemann, M. (2018). »In Ausschwitz wurde niemand vergast«. 60 rechtsradikale Lügen und wie man sie widerlegt. Mülheim: Verlag an der Ruhr.

v. Kempis, F. (2019). Anleitung zum Widerspruch. Klare Antworten auf populistische Parolen, Vorurteile und Verschwörungstheorien. München: Mosaik.

Faktenchecks im Internet

www.apabiz.de [Antifaschistisches Pressearchiv und Bildungszentrum Berlin e. V.]

www.correctiv.org [gemeinnützige unabhängige Rechercheseite]
www.dpa.com/de/unternehmen/faktencheck [Faktenchecks der Deutschen Presse-Agentur]

Satire zum Verständnis rechter Strukturen

Ötsch, W., Horaczek, N. (2019). Populismus für Anfänger. Anleitung zur Volksverführung. Frankfurt a. M.: Westend.
Simon, F. B. (2019). Anleitung zum Populismus oder: Ergreifen Sie die Macht!. Heidelberg: Carl Auer.

Für ausgewählte Arbeitsfelder

Amadeu-Antonio-Stiftung (Hrsg.) (2018). Ene, mene, muh – und raus bist du. Ungleichwertigkeit und frühkindliche Pädagogik. Berlin: AAS.
Antidiskriminierungsstelle des Bundes (ADS) (Hrsg.) (2019). Leitfaden: Diskriminierungsschutz an Hochschulen. Ein Praxisleitfaden für Mitarbeitende im Hochschulbereich. Berlin: ADS.
Bildungswerk der Heinrich-Böll-Stiftung (Hrsg.) (2015). Wer kommt denn da sein Kind abholen? Eine Orientierung im Umgang mit Rechtsextremismus und Fremdenfeindlichkeit in Kindertagesstätten (2. Aufl.). Berlin: hbs.
Bundesarbeitsgemeinschaft Kirche und Rechtsextremismus (BAG K+R) (Hrsg.) (2018). Rechtspopulismus. Was können die Kirchen tun? Berlin: BAG K+R.
Bundesarbeitsgemeinschaft Kirche und Rechtsextremismus (BAG K+R), Bund der Deutschen Katholischen Jugend (BDKJ) et al. (Hrsg.) (2016). Impulse für den Umgang mit Rechtspopulismus im kirchlichen Raum. Berlin: BAG K+R.
Diakonie Deutschland – Evangelisches Werk für Diakonie und Entwicklung e. V. (Hrsg.) (2018). Umgang mit Rechtspopulismus. Eine Handreichung für die Diakonie. Berlin: Diakonie.
Schedler, J., Achour, S., Elverich, G., Jordan, A. (Hrsg.) (2019.: Rechtsextremismus in Schule, Unterricht und Lehrkräftebildung. Wiesbaden: Springer VS.

Bundesweite Beratungsstellen, Initiativen, Stiftungen

www.amadeu-antonio-stiftung.de [Stiftung gegen Rechtsextremismus, Rassismus und andere Formen der GMF]
www.antidiskriminierungsstelle.de [Antidiskriminierungsstelle des Bundes]
www.antidiskriminierung.org [Antidiskriminierungsverband Deutschland]
www.aufstehen-gegen-rassismus.de [Bündnis insbesondere gegen die AfD]
www.bpb.de [Bundeszentrale für Politische Bildung]
www.bundesverband-mobile-beratung.de [Mobile Beratungen gegen Rechtsextremismus]
www.haiteaid.org [Hilfe bei Hass im Netz]
www.mut-gegen-rechte-gewalt.de [Initiative des »Stern« mit der Amadeu-Antonio-Stiftung]
www.schule-ohne-rassismus.org [bundesweites Netzwerk, dem etwa 2.500 Schulen angeschlossen sind]

Internetseiten und Apps zum Selbsttraining

www.konterbunt.de [App der Niedersächsischen Landeszentrale für Politische Bildung]

www.mygreenlearning.eu/courses/hate-speech-widersprechen [Kurs der Heinrich-Böll-Stiftung]

www.zivile-helden.de [interaktive Videos der Polizeilichen Kriminalprävention der Länder und des Bundes (ProPK)]

Spiele und Sonstiges

Gesicht zeigen! (Hrsg.) (2017). Was ist Zivilcourage? Das 4-Ecken-Spiel. Weinheim: Beltz.

Gesicht zeigen! (Hrsg.) (2017). »Weiße können nicht rappen«. Das Positionierungsspiel gegen Vorurteile und Klischees. Weinheim: Beltz.

Winterscheidt, J., Heufer-Umlauf, K. (2019). Entkräfter ProMax. Der Automat von heute gegen die Parolen von gestern. www.entkraefter.de [im Oktober 2019 auf den Markt gekommen, kleines Tool der Entertainer Joko und Klaas, das auf Knopfdruck einen Faktencheck für acht gängige Parolen zu Gehör bringt. Scherzhaft wie in einem Shoppingkanal präsentiert, doch mit ernstem Anliegen].

www.no-hate-speech.de [Informationen zum Thema, dazu etliche Grafiken, Memes und Sprüche zur Reaktion auf Hate Speech im Internet]

Seminarangebote

Folgende Einrichtungen und Initiativen bieten aktuell, bundesweit, regelmäßig, offen oder auf Nachfrage Workshops, Webinare und weitere spezielle Schulungsformate an:

Forum für Streitkultur: https://forum-streitkultur.de/workshops/

Gegenargument: https://gegen-argument.de/angebot/seminare/

Heinrich-Böll-Stiftung: https://calendar.boell.de/calendar/

Kleiner Fünf/Tadel verpflichtet! e. V.: https://www.kleinerfuenf.de/de/workshops

Stammtischkämpfer*innen: https://www.aufstehen-gegen-rassismus.de/kampagne/stammtischkaempferinnen/

Darüber hinaus gibt es zahlreiche lokale Anbieter, Regionalbüros von Demokratiezentren, Landeszentralen für Politische Bildung, Präventionsräte, zudem Angebote über Volkshochschulen, Gewerkschaften usw. Die Angebote sind für Teilnehmende in der Regel kostenlos.

V&R